新编统计学原理习题集

徐 静 沈学桢 唐庆银 编写

立信会计出版社

图书在版编目(CIP)数据

新编统计学原理习题集 / 徐静,沈学桢,唐庆银编写. —上海:立信会计出版社,2000.3
ISBN 978-7-5429-0719-6

Ⅰ.①新… Ⅱ.①徐… ②沈… ③唐… Ⅲ.①统计学—习题 Ⅳ.①C8-44

中国版本图书馆 CIP 数据核字(2000)第 14999 号

责任编辑　蔡莉萍
封面设计　周崇文

新编统计学原理习题集

出版发行	立信会计出版社
地　　址	上海市中山西路 2230 号　　邮政编码　200235
电　　话	(021)64411389　　传　真　(021)64411325
网　　址	www.lixinaph.com　　电子邮箱　lxaph@sh163.net
网上书店	www.shlx.net　　电　话　(021)64411071
经　　销	各地新华书店
印　　刷	虎彩印艺股份有限公司
开　　本	850 毫米×1168 毫米　　1/32
印　　张	7.25
字　　数	172 千字
版　　次	2000 年 3 月第 1 版
印　　次	2018 年 1 月第 25 次
书　　号	ISBN 978-7-5429-0719-6/C
定　　价	23.00 元

如有印订差错,请与本社联系调换

再版前言

本习题集是在第一版的基础上作了适当的修改和补充,作为《新编统计学原理》(立信会计出版社2003年第二版)的配套教材。为了配合《新编统计学原理》第二版教材的内容,补充了第四章概率与概率分布的习题,采用了国民经济的最新数据,并在整体结构上作了适当调整。在修改和补充过程中,我们保持了原有突出重点、解释难点、内容丰富、题型规范的特点,是各大专、中专以及成人学校学员学习统计学原理的良好参考书。

参加本书编写的有沈学桢(第一章、第六章、第七章),唐庆银(第二章、第九章、第十章),彭江燕(第四章、第八章),徐静(第三章、第五章、第十一章)。由徐静负责模拟试题的编写和全书的定稿工作。

本书在编写过程中得到了立信会计出版社蔡莉萍同志的倾力帮助和支持,再次表示深深地感谢。

编　者

前　言

　　统计学原理是经济类专业学生必修的基础课程,学生在学习过程中往往会碰到一些困难。为了使学生更好地学习和掌握统计学原理,编者在积累了多年教学经验的基础上,编写了本习题集。

　　本习题集是《新编统计学原理》(立信会计出版社 1998 年版,以下简称《原理》)的配套教材。全集共由三个部分组成。第一部分是《原理》各章的重点、难点及由此设计的练习题和参考答案,第二部分是两套模拟试题,第三部分是《原理》教材习题参考答案。练习题的题型有填空,单项选择题,多项选择题,判断题,名词解释,简答题及计算分析题等七种。本习题集的特点是突出重点,解释难点;内容丰富,题型规范,尤其是计算题类型多,涉及面广,是各类大专、中专以及成人学校学员学习统计学原理的良好参考书。

　　参加本书编写的有沈学桢(第一章,第六章,第七章,第八章),唐庆银(第二章,第九章,第十章),徐静(第三章,第四章,第五章)。徐静还负责模拟试题的编写和全书的定稿工作。

　　本书在编写过程中得到了立信会计出版社蔡莉萍同志的倾力帮助和支持,在此表示深深地感谢。

　　由于编写时间仓促,编者水平有限,书中错误和不当之处在所难免,敬请专家和读者批评指正,不胜感激!

编　者

目 录

第一部分 各章重点、难点及练习题

第一章 绪论 ·· 3
  学习重点 ·· 3
  学习难点 ·· 4
  练习题 ·· 4

第二章 统计资料的搜集和整理 ···················· 10
  学习重点 ·· 10
  学习难点 ·· 10
  练习题 ·· 11

第三章 集中趋势和离散趋势 ······················ 18
  学习重点 ·· 18
  学习难点 ·· 19
  练习题 ·· 20

第四章 概率与概率分析 ··························· 29
  学习重点 ·· 29
  学习难点 ·· 29
  练习题 ·· 30

第五章 抽样估计 ·································· 35
  学习重点 ·· 35
  学习难点 ·· 36
  练习题 ·· 37

第六章 假设检验 ·································· 44

  学习重点 …………………………………………………… 44
  学习难点 …………………………………………………… 44
  练习题 ……………………………………………………… 45
 第七章 相关分析 ………………………………………… 52
  学习重点 …………………………………………………… 52
  学习难点 …………………………………………………… 53
  练习题 ……………………………………………………… 53
 第八章 回归分析 ………………………………………… 61
  学习重点 …………………………………………………… 61
  学习难点 …………………………………………………… 62
  练习题 ……………………………………………………… 63
 第九章 时间数列 ………………………………………… 72
  学习重点 …………………………………………………… 72
  学习难点 …………………………………………………… 73
  练习题 ……………………………………………………… 73
 第十章 统计指数 ………………………………………… 83
  学习重点 …………………………………………………… 83
  学习难点 …………………………………………………… 85
  练习题 ……………………………………………………… 86
 第十一章 统计实务 ……………………………………… 93
  学习重点 …………………………………………………… 93
  学习难点 …………………………………………………… 95
  练习题 ……………………………………………………… 96
模拟试题(一) …………………………………………………… 102
模拟试题(二) …………………………………………………… 107

第二部分 参 考 答 案

第一章 绪论 …………………………………………………… 113

第二章	统计资料的搜集和整理	115
第三章	集中趋势和离散趋势	120
第四章	概率与概率分布	128
第五章	抽样估计	132
第六章	假设检验	141
第七章	相关分析	147
第八章	回归分析	154
第九章	时间数列	165
第十章	统计指数	174
第十一章	统计实务	179
模拟试题（一）		183
模拟试题（二）		185

第三部分　《新编统计学原理》教材习题及参考答案

《新编统计学原理》教材习题 …………………………………… 189
第一章	绪论（无习题）	189
第二章	统计资料的搜集和整理	189
第三章	集中趋势和离散趋势	190
第四章	概率与概率分布	193
第五章	抽样估计	194
第六章	假设检验	196
第七章	相关分析（无习题）	197
第八章	回归分析	197
第九章	时间数列	201
第十章	统计指数	205
第十一章	统计实务（无习题）	206

《新编统计学原理》教材习题参考答案 …………………………… 207

第一部分

各章重点、难点及练习题

第一章 绪 论

学 习 重 点

1. 社会经济统计学的性质和研究对象。教材是从统计的涵义,社会经济统计学的性质,统计学的研究方法三个方面来阐述问题的。

统计学是一门研究现象总体数量方面的方法论科学。鉴于现象包括社会现象及自然现象,所以社会经济统计学的研究对象可由其上述性质定义为:是对社会现象的数量表现、数量关系及数量界限的择定。

2. 统计学的研究方法。统计学研究对象的性质和特点,决定了社会经济统计学的基本研究方法为:大量观察法、统计分组法、综合指标法。

3. 社会经济统计学中的几个基本概念。教材论述了统计总体和总体单位,标志和指标,指标体系等概念的涵义及相互关系。

统计总体是指客观存在的、在同一性质基础上结合起来的许多单位的整体。

总体单位是指构成总体的每个单位。

统计总体和总体单位的地位不是固定不变的,随着研究目的的变化,两者可以相互转化。

标志是指总体单位所具有的属性和特征的名称。

统计指标是指反映同类社会经济现象某种综合数量特征的范畴。

指标体系是指一系列相互联系、相互制约、相互补充的指标组合成的整体。

学 习 难 点

1. 对于社会经济统计的性质及研究对象,要从马克思主义认识论的基本原理,客观事物质和量的辩证统一关系出发,从统计总体本身具有的大量性、同质性、差异性特点出发,联系社会经济实践,来深刻、正确地理解。

2. 熟记、掌握以下基本概念:统计总体和总体单位,标志与变量,统计指标,统计指标体系。特别要注意了解这些重要概念的区别和联系、特点、表现形式及基本分类等。

练 习 题

一、填空题

1. 统计一词有三种涵义,即统计工作、_____和_____。
2. 在统计发展的不同阶段,形成三种主要学派,它们是_____、政治算术学派和_____。
3. 统计总体特点有三性,即_____、_____和_____。
4. 统计学是反映_____方面的_____科学。
5. 变量按其取值是否连续,有_____变量和_____变量之分。
6. 统计指标和统计标志的区别之一,就是统计指标是说明_____特征,而统计标志是说明_____特征。
7. 统计指标按其反映的时间特点不同,可分为_____指标和_____指标;按其计量单位不同,可分为_____指标和_____指标;按其反映总体特征的不同,可分为_____指标和

_____指标。

8. 指标体系是由_____、_____、_____的指标构成的有机整体,可以_____认识总体。

9. 按研究内容范围的不同,指标体系可分为_____和_____。

10. 当_____时,总体与总体单位可以相互转化。

二、判断题

1. 统计学是一门研究现象总体数量方面的方法论科学,所以它不关心,也不考虑个别现象的数量特征。（　）

2. 社会经济统计学是一门实质性科学。（　）

3. 指标和标志一样,都是由名称和数值两部分组成的。（　）

4. 三个同学的成绩不同,因此存在三个变量。（　）

5. 质量指标是反映总体质的特征,因此,可以用文字来表述。（　）

6. 连续变量的数值包括整数和小数。（　）

7. 指标体系是许多指标集合的总称。（　）

8. 总体和总体单位是固定不变的。（　）

9. 只要有了某个指标,就能对总体进行完整、全面的认识。（　）

10. 变量是指可变的数量标志。（　）

11. 时点指标均无可加性。（　）

12. 总量指标数值随总体范围大小而改变。（　）

13. 某厂年计划产量比去年提高 8%,实际只提高 5%,因此只完成计划的 50%。（　）

14. 将若干个指标数值相加,即可得到指标体系的数值。（　）

15. 强度相对指标越大,说明分布密度越大。（　）

三、单项选择题(在备选答案中选出一个正确的答案)

1. 社会经济统计是( )的有力工具。
   A. 处理问题　　　　　　　B. 进行交流
   C. 认识社会　　　　　　　D. 引进外资

2. 下列指标中属于数量指标是( )。
   A. 劳动生产率　　　　　　B. 产量
   C. 人口密度　　　　　　　D. 利润率

3. 构成统计总体的必要条件是( )。
   A. 差异性　　　　　　　　B. 综合性
   C. 社会性　　　　　　　　D. 同质性

4. 在全国人口普查中,总体单位是( )。
   A. 每一户　　　　　　　　B. 每个人
   C. 每个地区的人　　　　　D. 全国总人口

5. 某班有50个学生,某学期英语考试全班总分达3 375分,将其除以50人之后,求出的平均成绩是( )。
   A. 对50个变量求平均数　　B. 对50个标志求平均数
   C. 对50个指标求平均数　　D. 对50个变量值求平均数

6. 在研究某城市工业企业生产时,某个工业企业生产工人人数这个概念是指( )。
   A. 数量指标　　　　　　　B. 数量标志
   C. 变量值　　　　　　　　D. 标志总量

7. 下列各项中属于价值指标的是( )。
   A. 工资总额　　　　　　　B. 职工人数
   C. 森林面积　　　　　　　D. 失业率

8. 一个统计总体( )。
   A. 只能有一个标志　　　　B. 只能有一个指标
   C. 可以有多个指标　　　　D. 可以有多个标志

9. 指标是说明总体特征的,标志则是说明总体单位特征的,所以,（ ）。

A. 指标和标志之间在一定条件下可以相互变换

B. 指标和标志都是可以用数值表示的

C. 指标和标志之间不存在关系

D. 指标和标志之间的关系是固定不变的

10. 某厂2000年完成产值200万元,2001年计划增长10%,实际完成234万元,则超额完成计划的(　　)。

A. 6% 　　　　　　　　B. 5%

C. 6.36%　　　　　　　D. 16.5%

11. 下列指标中的强度指标是(　　)。

A. 1998年工业总产值超额完成计划的5%

B. 全国人均粮食产量为400千克

C. 某企业职工平均工资为2 000元

D. 1998年我国钢产量为美国的62.5%

12. 下列属于结构相对指标是(　　)。

A. 1998年的积累率为28.5%

B. 2000年某地区人口密度为114人/平方公里

C. 1999年某厂手表产量比上年增长30%

D. 某单位年成本比计划节约10%

四、多项选择题(在备选答案中,选出二个及以上正确答案)

1. 下列各项中,属于品质标志的有(　　)。

A. 性别　　　　　　　　B. 年龄

C. 职务　　　　　　　　D. 民族

E. 工资

2. 下列各项中,属于连续变量的有(　　)。

A. 厂房面积　　　　　　B. 职工人数

C. 产值

D. 原材料消耗量(单位:千克)

E. 设备数量

3. 统计指标按其反映的时间状况不同,有( )。

A. 实体指标 B. 客观指标
C. 时期指标 D. 主观指标
E. 时点指标

4. 在全国的工业普查中,有( )。

A. 工业企业数是数量指标
B. 设备台数是离散变量
C. 工业总产值是连续变量
D. 每一个工业企业是总体单位
E. 每个工业企业的职工人数是连续变量

5. 对某市工业企业状况进行调查,得到以下资料,其中统计指标是( )。

A. 该市职工人数 400 000 人 B. 某企业职工人数 4 000 人
C. 该市设备台数 75 000 台 D. 全市产值 40 亿元
E. 某企业产值 20 万元

6. 商业网点密度=全市商业机构数/全市人口数,它是( )。

A. 比较相对指标 B. 强度相对指标
C. 数量指标 D. 质量指标
E. 平均指标

7. 下列指标中的比例相对指标是( )。

A. 某厂工人中,技术工人与辅助工人人数之比为 4:5
B. 某年全国高考录取与报考之比是 1:2
C. 存款利息率
D. 家庭收支比
E. 甲地人均收入是乙地的 3 倍

8. 车间班组竞赛,结果甲组产量是乙组的 2 倍,废品总量中甲组占 70%,说明( )。

A. 甲组产品质量优于乙组　　B. 甲组产品质量不如乙组
C. 甲组废品率比乙组低　　　D. 乙组废品率比甲组低

9. 下列指标类型中，分子、分母可以互换的有（　　）。

A. 强度相对指标　　　　　　B. 比例相对指标
C. 比较相对指标　　　　　　D. 计划完成百分比
E. 产品合格率

10. 统计研究的方法有（　　）。

A. 大量观察法　　　　　　　B. 时间数列分析法
C. 统计分组法　　　　　　　D. 指数分析法
E. 综合指标法

五、名词解释

1. 统计总体　　　　　　2. 品质标志
3. 连续变量　　　　　　4. 大量观察法
5. 指标体系

六、简答题

1. 简述统计的三种涵义之间的关系。
2. 设置科学的统计指标的基本原则是什么？
3. 指标和标志的区别和联系是什么？
4. 简述统计指标的分类。
5. 如何理解统计中的变量？
6. 统计学研究的对象及其特点是什么？

第二章 统计资料的搜集和整理

学习重点

1. 要深刻理解统计调查的涵义、作用及其基本要求,掌握统计调查方案的内容,如调查对象、调查单位、调查内容及调查表,调查时间和调查组织实施计划。

2. 掌握统计资料的调查方法,主要有直接观察法、访问法、报告法、问卷法。理解各种方法的优缺点及应用条件。

3. 系统掌握普查、抽样调查、重点调查三种统计调查组织方式的特点及其应用条件。

4. 掌握统计资料整理的步骤:拟定整理纲要,对原始资料进行审核,将审核无误的原始资料进行汇总,编制统计表。

5. 掌握分配数列的含义及其编制方法,包括分配数列的构成要素——分组和次数(或频数),组距数列编制中的全距、组数、组距、组限、组中值的计算。

6. 掌握统计资料的两种基本表达方法:统计表和统计图,掌握各种方法的应用场合。

学习难点

1. 确定调查对象和调查单位。统计中的调查对象与一般调查中的具体对象是有区别的,一般调查中所说的调查对象是指具体的个体,而统计中的调查对象是指统计研究的整体——即统计总体。调查单位则是构成统计调查对象的各个个体,是统计调查的具体单位。

2. 普查、抽样调查、重点调查是统计调查的三种重要组织方式,也是学习的难点之一。其中抽样调查的含义、特点以及各种调查组织方式在统计实践活动中的应用难度更大。因此,要通过实例进行分析、比较,才能深刻理解。

3. 分配数列的编制和组中值的计算是今后表达和显示总体指标的基础,也是对总体进一步分析的资料来源。由于组距式变量数列编制的不确定性,因此必须运用实例加以说明。组中值是进行统计核算的代表值,具有一定的假定性,它与组距的大小有直接的关系。

练 习 题

一、填空题

1. 统计资料分为两种类型:一是_____;二是_____。
2. 重点调查是对_____进行的调查,抽样调查则是按照_____原则在总体中抽取_____组成样本加以研究,并以_____推算_____的一种资料搜集方式。
3. 原始资料准确性审查包括_____和_____。
4. 变量数列按其表现形式分为_____和_____两种。
5. 统计表的内容由_____和_____两部分组成。
6. 统计资料搜集的组织方式有两类:一类是_____;另一类是_____。
7. 分配数列构成的基本要素是_____和_____。
8. 频数图中用得最多的是_____、_____和_____。

二、判断题

1. 统计调查是整个统计工作的基础,只要有准确的统计资

料,统计分析就一定能得出正确的结论。（　　）

2. 统计调查中的调查时间有双重含义：资料的所属时间和调查工作的期限。（　　）

3. 统计调查人员以调查表或有关材料为依据,逐项向调查者询问有关情况,并将答案记录下来的统计资料调查方法是直接观察法。（　　）

4. 重点调查和抽样调查都是非全面调查,其调查结果都可以用于推算总体指标。（　　）

5. 统计整理即是由对现象的个体认识过渡到对现象的总体认识阶段,也是由感性认识上升到理性认识的重要阶段。（　　）

6. 原始资料完整性审查的内容只包括所有被调查单位的资料是否完整。（　　）

7. 无论是变量数列还是品质数列都是通过现象的数量差异以反映现象的本质区别。（　　）

8. 由于离散型变量不能用小数表示,因此只能以单项数列来表现资料。（　　）

9. 确定全距可以保证总体中每一个单位在分组时不被遗漏,因此,组距与组数在确定时必须满足组距与组数的乘积大于或等于全距这个条件。（　　）

10. 统计资料的表达方式有统计表和统计图,由于统计图形象生动,因此,统计资料的表达主要是统计图而非统计表。（　　）

11. 每一组里拥有的总体单位数为频率。（　　）

12. 对同一个总体,采用两个或两个以上的标志层叠进行分组,称为平行分组体系。（　　）

13. 假如有85个总体单位进行分组,建议可分成7组。（　　）

14. 如数列的纵栏没有合计数,则其对应的合计栏应空格不填。（　　）

15. 折线图可用各组的组中值与频数进行描绘。（   ）

三、单项选择题(在备选答案中选择一个正确的答案)

1. 在统计调查中，调查标志的承担者是（   ）。
   A. 调查对象   B. 调查单位
   C. 填报单位   D. 调查表

2. 某市调查 100 个企业的职工工资情况，则调查对象是（   ）。
   A. 100 个企业   B. 100 个企业的职工
   C. 100 个企业职工的工资 D. 每个企业的职工工资

3. 要了解某批灯泡的平均寿命，可采用的调查组织方式是（   ）。
   A. 抽样调查   B. 重点调查
   C. 普查   D. 全面调查

4. 在某市工业设备普查中，调查单位是指（   ）。
   A. 每个工业企业
   B. 该市全部工业设备
   C. 该市全部工业企业
   D. 该市全部工业企业中的每台工业生产设备

5. 统计整理主要是对（   ）的整理。
   A. 历史资料   B. 分析资料
   C. 原始资料   D. 综合资料

6. 对原始资料审查的内容之一是（   ）。
   A. 客观性   B. 系统性
   C. 大量性   D. 完整性

7. 采用不等距分组编制变量数列是因为（   ）。
   A. 现象是均匀变动的   B. 现象变动是不均匀的
   C. 在标志值中没有极端值 D. 在标志值中有极端值

8. 编制复合表是因为（   ）。

A. 分组的组数太多 B. 现象变动太复杂
C. 分组的组距太大 D. 主词是复合分组

9. 主词经简单分组而编制的统计表是（   ）。
A. 简单表 B. 调查表
C. 分组表 D. 复合表

10. 将全校学生分别按专业、年级、性别进行分组，形成（   ）。
A. 简单分组 B. 复合分组
C. 平行分组体系 D. 复合分组体系

11. 如果要定期取得我国国民经济基本统计资料，采用的基本组织方式是（   ）。
A. 重点调查 B. 抽样调查
C. 专门调查 D. 统计报表

12. U型分布由（   ）组成。
A. J型分布 B. 单峰右偏分布
C. 单峰左偏分布 D. 钟型分布

四、多项选择题（在备选答案中选择二个及以上正确答案）

1. 统计调查按调查资料方法不同，可分为（   ）。
A. 直接观察法 B. 全面调查
C. 采访法 D. 非全面调查
E. 问卷法

2. 在组距数列中，组距数列的表现形式有（   ）。
A. 闭口式 B. 开口式
C. 等距 D. 不等距
E. 组中值

3. 统计表按照主词是否分组或如何分组可以分为（   ）。
A. 调查表 B. 分析表
C. 简单表 D. 分组表

E. 复合表

4. 组中值的计算公式为（　　）。

A. 组中值=（上限+下限）÷2

B. 组中值=上限+下限÷2

C. 组中值=上限÷2+下限

D. 组中值=下限+（上限-下限）÷2

E. 组中值=上限-（上限-下限）÷2

5. 如果统计表中有多种计量单位,可（　　）。

A. 写在表格的右上方　　　B. 专设计量单位栏

C. 写在纵栏标题格内　　　D. 写在各数字旁

E. 在附注中注明

6. 如要取得调查资料,可通过（　　）。

A. 直接观察法　　　　　　B. 报告法

C. 问卷法　　　　　　　　D. 访问法

E. 抽样调查

7. 为了将统计资料更直观、更生动的表现出来,可以根据需要分别编制（　　）。

A. 频数图　　　　　　　　B. 直方图

C. 折线图　　　　　　　　D. 曲线图

E. 条形图

8. 统计调查的要求是（　　）

A. 准确　　　　　　　　　B. 及时

C. 系统　　　　　　　　　D. 全面

E. 生动

五、名词解释

1. 普查　　　　　　　　　2. 调查对象

3. 分配数列　　　　　　　4. 统计表

5. 统计图

六、简答题

1. 统计调查方案的主要内容有哪些？
2. 什么是专门调查？它有哪几种？
3. 统计资料整理包括哪些内容？
4. 编制组距式变量数列应注意哪几个基本要素？
5. 简述统计表的构成及主要内容。
6. 什么是统计分组？统计分组有什么作用？
7. 什么是统计图？常用的统计图有哪些？

七、计算题

1. 某企业某班组工人日产量资料如下表所示：

日产量分组（件）	工人数（人）
50～60	6
60～70	12
70～80	18
80～90	10
90～100	7
合　计	53

根据上表指出：

（1）上表变量数列属于哪一种变量数列。

（2）上表中的变量、变量值、上限、下限、次数。

（3）计算组距、组中值、频率，绘制频数直方图、折线图，并指出其分布形态。

2. 某企业 50 名职工月工资资料如下：

550　550　580　620　670　689　694　708　712　723
741　750　784　784　796　796　796　800　800　805　805
817　819　825　825　884　895　895　900　900　984　988
982　950　932　900　876　874　855　831　815　792　780
733　721　668　654　620　612　580

根据上列资料编制组距变量数列,并用统计表列出各组频率。

3. 某公司某年销售情况如下表所示:

分公司及商场	实际销售额(万元)	计划销售额(万元)
第一分公司		
一商场	230	230
二商场	370	363
三商场	400	444
四商场	700	693
五商场	640	647
第二分公司		
一商场	920	837
二商场	680	756
三商场	1 890	1 574
四商场	940	990
第三分公司		
一商场	70	67
二商场	80	80
三商场	100	98
四商场	120	122
五商场	174	176
第四分公司		
一商场	1 420	1 420
二商场	1 400	1 400
三商场	1 760	1 558
四商场	1 010	927

根据表中资料,按商场销售额计划完成程度分成未完成计划、完成计划的100%~110%、完成计划的110%~120%等三组,并编制一张统计表。

第三章 集中趋势和离散趋势

学 习 重 点

1. 理解和领会平均数的概念及其特点。平均数是用特定方法计算出来的重要的指标，它具有两个显著的特点：其一，平均数是总体（或一组数值）的一般水平的代表；其二，平均数是将总体各单位（或数值）间的差异抽象化。只有正确理解了这两个基本特点，才能深刻领会和灵活应用平均数这个指标。

2. 掌握平均数各种计算方法的概念及计算公式。平均数的计算方法主要有算术平均数法、调和平均数法、几何平均数法、中位数、众数等。其中算术平均数法是平均数各种计算方法中最基本也是最常用的方法。各平均数的计算公式都有简单和加权之分，要理解加权公式中的权数的含义和作用，以及如何选择正确的权数进行计算。

3. 区分算术平均数和强度相对数的不同。算术平均数是总体中的标志总量和总体单位数之比，其分子中的标志值的个数和分母中的总体单位数是一一对应关系。强度相对数是两个性质不同而有联系的指标之比，说明的是现象发展的强度、密度或普遍程度，其对比的分子分母之间没有一一对应关系。如人均国民生产总值是某地某时期的国民生产总值和该地该时期的人口总数之比。

4. 离散趋势指标的计算是本章的又一重点内容。应该在理解的基础上掌握标准差、平均差等计算公式，尤其要掌握标准差的各个计算公式及计算方法,如定义公式、简捷公式以及如何使用计算器或统计软件进行计算和分析。

5. 掌握标准差系数的意义、计算及应用条件。

6. 分析算术平均数、中位数与众数之间的关系,以及相互之间的推算。计算偏态系数并分析数据的分布形态。

学 习 难 点

1. 算术平均数、调和平均数、几何平均数、中位数与众数的应用。通常,若要反映现象分布的集中趋势,可以用上述五种平均数计算方法中的一种来计算平均数。但在实际运用过程中,调和平均数往往只作为算术平均数的变形来使用,即在已知标志总量而未知总体单位数的情况下计算调和平均数;而几何平均数较适用于计算平均比率及平均发展速度。使用最普遍的是算术平均数。

2. 标准差的意义。标准差(σ)是测定总体各单位标志值差异程度(离散程度)的重要指标。由于在计算上运用算术平均数中$\sum(x-\bar{x})^2$为最小值的数学性质,避免了平均差计算中用绝对值来取消离差正负的不足,因而成为较优的标志变异分析指标。

3. 标准差的作用。计算标准差主要用来衡量和判断平均数对总体的代表性。若标准差大,说明总体各单位标志值之间的差异程度就大,平均数的代表性就小;反之,平均数的代表性就大。

4. 标准差系数的应用。为了对比和分析不同平均水平总体的标志差异程度,就需使用标准差系数。它是标志变异的相对指标。

5. 偏态系数的计算及分析。

练 习 题

一、填空题

1. 平均数可以反映总体各单位标志值分布的_____。
2. _____可以反映总体各单位标志值分布的离散程度。
3. 算术平均数的基本公式是_____除以_____。
4. 调和平均数是_____倒数的算术平均数的_____。
5. 几何平均数最适合于计算_____和_____。
6. 一组数据分布的最高峰点所对应的变量值即为_____。
7. 当平均数大于中位数时,数据呈_____分布。
8. 偏态系数取值为-1.5,说明变量值属于_____分布。
9. 全距是数列中的_____和_____之差。
10. 若一组数据的 $\bar{X} < M_e < M_0$,则其属于_____分布。

二、判断题

1. 按全国人口平均计算的国民收入是一个平均数。（　　）
2. 各变量值与其算术平均数的离差之和为最小值。（　　）
3. 当各组的变量值所出现的频率相等时,加权算术平均数中的权数就失去作用,因而,加权算术平均数也就等于简单算术平均数。（　　）
4. 根据组距数列计算得到的平均数,只是一个近似值。（　　）
5. 加权算术平均数和加权调和平均数都是用变量值所出现的次数作为权数。（　　）
6. 调和平均数的计算不易受变量值大小的影响。（　　）
7. 平均差和标准差都表示各标志值对算术平均数的平均离差。（　　）
8. 比较两总体的平均数的代表性,标准差系数较小的总体,

平均数代表性亦小。   （ ）

9. 平均数与次数和的乘积等于各变量值与次数乘积的和。
                                              （ ）

10. 若两总体的平均数不同,而标准差相同,则标准差系数也相同。   （ ）

11. 中位数就是处于中间位置的标志值。   （ ）

12. 一组数对平均数 16 的离差是 3、−4、6、2、5、−2,则这组数的全距是 22−(−12)=34。   （ ）

三、单项选择题(在备选答案中选择一个正确答案)

1. 今有 4 位工人的月工资分别为:400 元、600 元、700 元、900 元,计算 4 人月平均工资,应采用的计算方法是(   )。

   A. 简单算术平均数　　　　B. 加权算术平均数
   C. 简单调和平均数　　　　D. 加权调和平均数

2. 在变量数列中,当标志值较小而发生的次数较多时,计算出来的算术平均数(   )。

   A. 接近于标志值大的一组
   B. 接近于标志值小的一组
   C. 接近于中间一组　　　　D. 无法判断

3. 若变量数列中各组的标志值不变,而每组的次数均增加 30%,则加权算术平均数的值(   )。

   A. 增加 30　　　　　　　B. 增加 30%
   C. 不变化　　　　　　　　D. 无法判断

4. 若某一变量出现一项为零的变量值,则不能计算(   )。

   A. 算术平均数和调和平均数
   B. 几何平均数和算术平均数
   C. 几何平均数和调和平均数
   D. 算术平均数、几何平均数和调和平均数

5. 某部门生产三批产品的废品率及废品数资料如下:

产品批号	废品数(件)	废品率(%)
第一批	20	4
第二批	50	5
第三批	30	2

则三批产品的平均废品率为( )。

A. 3.67%　　　　　　　　　B. 3.33%

C. 5%　　　　　　　　　　D. 5.33%

6. 上题中三批产品的废品率仍为第一批4%,第二批5%,第三批2%;而第一批产品数量占总数的25%,第二批产品数量占总数的40%,则三批产品的平均废品率为( )。

A. 5%　　　　　　　　　　B. 3.67%

C. 3.7%　　　　　　　　　D. 无法计算

7. 标志变异指标中,易受标志值极端数值影响的是( )。

A. 标准差　　　　　　　　B. 平均差

C. 全距　　　　　　　　　D. 标准差系数

8. 标准差和平均差的主要区别是( )。

A. 作用不同　　　　　　　B. 意义不同

C. 计算所依据资料不同　　D. 数学处理方法不同

9. 标准差的取值范围是( )。

A. 等于零　　　　　　　　B. 大于零

C. 小于零　　　　　　　　D. 大于零小于1

10. 有两个变量数列,甲数列:$\bar{X}_甲=100, \sigma_甲=12.8$;乙数列:$\bar{X}_乙=14.5, \sigma_乙=3.7$。此资料表明( )。

A. 甲数列平均数的代表性高于乙数列

B. 乙数列平均数的代表性高于甲数列

C. 两数列平均数的代表性相同

D. 两数列平均数的代表性无法比较

11. 在数列9、6、8、4、14、12、5中,中位数是( )。

A. 6 B. 5
C. 8 D. 4

12. 用标准差比较两个总体的平均数的代表性时，要求这两个总体的平均数（　　）。

A. 相等 B. 相差不大
C. 不等 D. 相差很大

13. 某企业的年产值（单位：万元）分别为 101、102、103、104、106、102、105、102、110、105、102。据此计算的结果是（　　）。

A. 算术平均数＝中位数＝众数
B. 算术平均数＞中位数＞众数
C. 算术平均数＜中位数＜众数
D. 中位数＞算术平均数＞众数

四、多项选择题(在备选答案中选择二个及以上正确答案)

1. 影响加权平均数大小的因素有（　　）。

A. 各组标志总量 B. 各组标志值
C. 各组标志值所出现的次数
D. 各组标志值所出现的频数
E. 各组单位数占总体单位数的比重

2. 平均差的计算公式有（　　）

A. $A.D.=\dfrac{\sum|x-\bar{x}|}{n}$ B. $A.D.=\dfrac{\sum|\bar{x}-x|}{n}$

C. $A.D.=\dfrac{\sum|x-\bar{x}|f}{\sum f}$ D. $A.D.=\dfrac{|\sum(x-\bar{x})|}{n}$

E. $A.D.=\dfrac{\sum|x-\bar{x}|}{\sum f}$

3. 同一总体中，平均数与标准差、标准差系数的关系是（　　）。

A. 标准差愈大，平均数的代表性愈大
B. 标准差系数大小与平均数代表性成正比

C. 标准差的大小与平均数代表性成反比
D. 标准差系数愈大，平均数的代表性愈小
E. 标准差系数愈小，平均数的代表性愈大

4. 调和平均数的计算公式有（　　）。

A. $\dfrac{\sum x}{n}$

B. $\dfrac{n}{\sum\left(\dfrac{1}{x}\right)}$

C. $\dfrac{\sum m}{\sum \dfrac{m}{x}}$

D. $\dfrac{n}{\sum\left(\dfrac{f}{x}\right)}$

E. $\dfrac{\sum \dfrac{m}{x}}{\sum m}$

5. 标准差的计算公式为（　　）。

A. $\sqrt{\dfrac{\sum(x-\bar{x})^2}{n}}$

B. $\sqrt{\dfrac{\sum(x-\bar{x})^2 f}{\sum f}}$

C. $\sqrt{\dfrac{\sum(x-\bar{x})f}{\sum f}}$

D. $\sqrt{\overline{x^2}-(\bar{x})^2}$

E. $\sqrt{\dfrac{\sum(\bar{x}-x)^2 f}{\sum f^2}}$

6. 下列现象中，属于平均指标的是（　　）。

A. 某类商品价格
B. 粮食亩产量
C. 工人年均收入
D. 工人人均固定资产总值
E. 工人劳动生产率

7. 当偏态系数 $S_k=2$，此时数据（　　）。

A. 呈右偏分布
B. 呈左偏分布
C. $\bar{X}>M_e>M_0$
D. $\bar{X}=M_e=M_0$
E. $\bar{X}<M_e<M_0$

五、名词解释

1. 调和平均数
2. 几何平均数
3. 全距
4. 标准差系数
5. 平均差

六、简答题

1. 说明平均数的意义及特点。
2. 什么是权数？它在计算平均数中有什么作用？
3. 平均数和强度相对数有什么不同？
4. 标志变异分析指标有哪些？
5. 为什么要将平均数和标志变异指标相结合来说明被研究现象的数量特征？
6. 为什么要计算标准差系数？
7. 算术平均数的数学性质有哪些？
8. 作为算术平均数变形的调和平均数与算术平均数的关系如何？它们分别在什么情况下运用？
9. 为什么说简单算术平均数是加权算术平均数的特例？
10. 试证明 $\sigma=\sqrt{\overline{x^2}-(\overline{x})^2}$

七、计算题

1. 某系 200 名学生统计考试成绩分组资料如表 3-1 所示：

表 3-1

按考试成绩分组(分)	人数（人）	各组人数占总人数比重(%)
50 以下	6	3
50~60	12	6
60~70	50	25
70~80	80	40
80~90	40	20
90~100	12	6
合　　计	200	100

试用频数权数和频率权数计算该系同学考试的平均成绩。

2. 某公司所属三个企业的产量和计划完成程度资料如表 3-2 所示：

表 3-2

企业名称	计划产量（台）	完成计划（%）
甲	400	102
乙	300	100
丙	300	95
合　计	1 000	—

计算该公司产量平均计划完成程度。

3. 某产品 2002 年第四季度成本和产量资料如表 3-3 所示：

表 3-3

月　份	单位成本（元/件）	各月产量占总产量比重（%）
10 月	35	20
11 月	20	30
12 月	15	50
合　计	—	100

已知 12 月份总成本为 15 000 元，计算：

（1）各月份产量和第四季度总产量。

（2）第四季度平均单位成本。

4. 某商场出售某种商品的价格及销售额资料如表 3-4 所示：

表 3-4

商品等级	单价（元/千克）	销售额（元）
一级	20	21 600
二级	18	22 680
三级	16	7 200
合　计	—	51 480

计算该商品平均销售价格。

5. 为了扩大国内居民需求,银行为此多次降低存款利率,5年的年利率分别为7%、5%、4%、3%、2%,试计算在单利和复利情况下5年的平均年利率。

6. 甲、乙两单位人数及月工资资料如表3-5所示:

表3-5

月工资(元)	甲单位人数(人)	乙单位人数比重(%)
400以下	4	2
400~600	25	8
600~800	84	30
800~1 000	126	42
1 000以上	28	18
合计	267	100

根据上表资料:
(1) 比较甲、乙两单位哪个单位工资水平高。
(2) 说明哪个单位平均工资更具有代表性。

7. 甲班学生人数45人,英语考试平均成绩为75分,乙班40人,英语考试的平均成绩为78分,计算甲、乙两班总的平均成绩是多少?

8. 根据平均数和标准差的关系。
(1) 设:$\bar{x}=600, V_\sigma=25\%$,则标准差为多少?
(2) 设:$\bar{x}=20, \overline{x^2}=450$,则标准差系数为多少?
(3) 设:$\sigma^2=36, \overline{x^2}=360$,则平均数为多少?
(4) 设:$\overline{x^2}=174, V_\sigma=17.2\%$,则平均数为多少?

9. 某企业的工人按工资进行分组,资料如表3-6所示:

表 3-6

工资(元)	人数(人)	累计人数(人)
600~800	20	20
800~1 000	50	70
1 000~1 200	180	250
1 200~1 400	250	500
1 400~1 600	200	700
1 600~1 800	100	800
合　计	800	—

要求：用算术平均数、中位数、众数分别计算该企业工人的平均工资水平。

10. 某储蓄所年末定期存款储户的平均存款额，众数为 10 000 元，中位数为 15 000 元，则其近似的算术平均数是多少？存款额呈何种分布？

11. 某班英语成绩如表 3-7 所示：

表 3-7

英语成绩(分)	人　数
90 以上	9
80~90	16
70~80	43
60~70	26
60 以下	6
合　计	100

试求偏态系数并分析其分布形态。

第四章　概率与概率分析

学 习 重 点

1. 概率的基本涵义。主要有随机事件与概率、概率的基本运算、随机变量与概率分布。理解各种概念的区别与联系。

2. 离散型随机变量的概率分布。包括概率分布表、概率分布图以及分布函数。

3. 连续型随机变量的概率分布。一般常把连续型随机变量 X 的概率密度函数 $f(x)$ 和概率分布函数 $F(x)$ 统称为随机变量 X 的概率分布。其中,正态分布是统计学中十分普遍和非常重要的分布。掌握其图形特征以及相应的概率计算。

学 习 难 点

1. 概率的基本运算。主要是指概率的加法公式、条件概率和贝叶斯定理的运用。注意使用的前提条件。

2. 离散型随机变量的概率分布函数。其中掌握二项分布的概率函数的性质及计算,与泊松分布函数的计算、作用以及和二项分布的联系。

3. 具有任意平均数 μ 和标准差 σ 的正态分布时,通过将其转换成标准正态分布来计算其概率问题。

练 习 题

一、填空题

1. 投掷两枚硬币的试验称为_____,图案朝上的结果称为_____。
2. 如果事件 A 与事件 B 互斥,则 $P(A\cup B)=$ _____。
3. 在_____分布中,且只有两种可能结果_____或_____。
4. 泊松分布是_____随机变量分布中的一种重要分布。
5. _____分布曲线是_____峰的以_____为对称轴的钟形曲线。

二、判断题

1. 在随机试验中,所有可能的结果的概率之和等于1。(　)
2. 如果事件 A、B 互斥,则 $P(A\cup B)=1$。(　)
3. 一个正态分布只有一条分布曲线。(　)
4. 当成功的概率很小,试验的次数很大时,泊松分布会趋近于二项分布,用二项分布可替代泊松分布。(　)
5. 正态分布曲线在取得平均值时,概率达到最大。(　)
6. 离散型变量的概率分布中,每次二项试验的结果都是独立的。(　)
7. 如果甲组试验的变量值的离差程度大于乙组变量值的离差程度,且都服从正态分布,则乙组的正态分布曲线会比甲组曲线更平缓。(　)
8. 连续型随机变量概率分布中,各个变量取值的概率之和大于1。(　)

三、单项选择题(在备选答案中选出一个正确答案)

1. 随机现象是指(　)。

A. 某一现象在相同的实验条件下进行重复试验,其结果是确定的
B. 某一现象在相同的实验条件下进行重复试验,只可能出现一个结果
C. 某一现象在相同的实验条件下进行重复试验,可以出现多个结果
D. 某一现象在不同的实验条件下进行重复试验,可以出现多个结果

2. 随机事件是指(   )。

A. 随机现象
B. 实验的结果
C. 随机试验中发生的结果
D. 随机试验中可能发生也可能不发生的结果

3. 下面哪一句关于概率的描述是错误的(   )。

A. 概率是介于 0~1 之间的一个数
B. 概率的大小表明了某一随机事件发生的可能性大小
C. 如果某一事件的概率是 1,在一次实验中必然发生
D. 如果某一事件的概率是 0.5,在两次实验中必然发生一次

4. 概率分布是指(   )。

A. 随机变量的每一个取值及其相应的概率
B. 随机变量的取值
C. 随机变量的概率
D. 随机变量的取值和概率

5. 下面关于二项分布的描述哪一句是错误的(   )。

A. 试验由一个包括 n 次相同的试验序列组成
B. 每次试验有两种可能结果,一个成功,一个失败
C. 成功的概率用 P 表示,失败的概率用 $(1-P)$ 表示。成功和失败的概率在每次试验中可以不相同

D. 每次试验都是独立的

6. 泊松分布是（　　）。

A. 连续型随机变量分布

B. 离散型随机变量分布

C. 既是连续型随机变量分布，也是离散型随机变量分布

D. 既不是连续型随机变量分布，也不是离散型随机变量分布

7. 正态分布的概率是（　　）。

A. 曲边梯形面积

B. 平均值 μ

C. 标准差 σ

D. 平均值 μ 和标准差 σ 构成的区间

8. 用正态分布作为二项分布的近似，条件是（　　）。

A. $np \geqslant 0.5$ B. $np \geqslant 5$

C. $np \leqslant 0.5$ D. $np \leqslant 5$

四、多项选择题（在备选答案中选出二个及以上正确答案）

1. 下面关于概率的描述正确的有（　　）。

A. 必然事件的概率为 1

B. 不可能事件的概率为 0

C. 概率的取值在 0~1 之间

D. 概率具有可加性

E. 一般事件的概率加法公式为：$P(A \cup B) = P(A) + P(B)$

2. 关于标准正态分布，下列说法正确的有（　　）。

A. $f(x)$ 是单峰的左右对称的钟形曲线，对称是 $x = \mu$

B. $f(x) > 0$，且以 X 为渐近线

C. x 的取值范围是整个 X 轴，$-\infty < x < \infty$，也即
$$\int_{-\infty}^{\infty} f(x) \mathrm{d}x = 1$$

D. σ 越大，曲线越平缓，σ 越小，曲线越陡峭

E. 曲线在 $x=\mu\pm\sigma$ 处有拐点

3. 指出下列连续型随机变量分布（　　）。

A. 二项分布　　　　B. 正态分布

C. 均匀分布　　　　D. 泊松分布

E. 指数分布

五、名词解释

1. 随机事件　　　　2. 概率

3. 概率分布　　　　4. 标准正态分布

六、简答题

1. 什么是概率？什么是概率分布？

2. 什么是泊松分布？与二项分布有什么关系？

3. 简述正态分布的性质。

七、计算题

1. 对开发的新口味牙膏由 10 人进行试用，其中 6 人喜欢，4 人不喜欢。现从中随机抽取 4 人，恰好有 2 人喜欢，2 人不喜欢新口味的概率为多少？

2. 某公司位于广州，其在北京分公司有 3 位主管，在上海分公司有 7 位主管。现拟在 10 位主管中随机抽取 3 位进行工作考察，试求：

（1）其中有 2 位在上海，1 位在北京的概率。

（2）至少有 1 位在北京的概率。

3. 某种产品专利申请需经过甲、乙两处审核，若某处拒绝其专利申请，则产品不能投产。已知甲、乙两处单独拒绝申请的概率分别为 0.25 和 0.3，两处同时拒绝的概率为 0.1，求产品无法投产的概率。

4. 某篮球队在一年的比赛中，晚间比赛占 60%，日间比赛占 40%，晚间比赛得胜率为 50%，日间比赛得胜率为 90%。若该球队在某场球赛取胜，则该场球赛为晚间比赛的概率是多少？

5. 一次检查中发现有 10% 的司机不系安全带。现从中随机抽取 10 人,问至少有 2 人不系安全带的概率为多少?

6. 某百货公司中某一专柜的顾客人数平均每小时有 8 人,则在晚上 8 点至 9 点之间,该专柜有 9 位顾客的概率有多大?

7. 某养鸡场中,成鸡的平均重量为 2.5 千克,标准差为 0.5 千克,且服从正态分布。问一只成鸡重量小于 2 千克的概率为多少?若成鸡重量在 2～3 千克均为符合标准,求一只成鸡体重合格的概率。

8. 某校学生期末英语平均成绩为 70 分,标准差为 10 分且服从正态分布。现随机抽取一名学生,问其英语成绩为优(90 分以上)的概率是多少?

第五章 抽样估计

学习重点

1. 理解抽样调查、抽样估计的概念。抽样估计可以分成两部分：第一部分是抽样，即抽样调查，就是按随机原则从总体中抽取一部分单位进行调查；第二部分是估计，即用样本的数量特征估计总体的数量特征。

2. 抽样估计的几对基本概念。主要有总体和样本，总体指标和样本指标，重复抽样和不重复抽样。要理解各对概念的区别和联系，以及在抽样估计中的作用。

3. 理解和掌握抽样误差、抽样平均误差的含义。误差是抽样估计中非常重要的内容。统计资料在搜集过程中都会产生误差，有人为的差错，也有客观存在的误差。抽样误差是客观存在的偶然性误差，是不可避免的。因此，必须掌握抽样误差，尤其是抽样平均误差的计算。熟记抽样平均误差的计算公式。

4. 理解和掌握样本指标对总体指标的区间估计。区间估计是抽样估计的中心内容，是在一定的概率保证下，用样本指标数值估计总体指标数值的一个范围。

5. 掌握样本容量（样本单位数）的确定。样本容量是指一个样本中的单位数。若某一样本的单位数很多，就会减弱抽样调查的经济性；若样本单位数很少，又可能会增大抽样误差。所以，应了解影响样本单位数多少的各个因素，如总体的方差、概率、极限误差及抽样组织方式等,以便抽取恰当的样本单位数,取得满意的抽样效果。

6. 了解抽样调查的各种组织方式。随机抽样中抽样调查的组织方式可以有简单随机抽样、分层抽样、机械抽样、整群抽样等。由于抽样组织方式不同,因而其抽样平均误差的计算公式也不同,它们的适用性及作用也有所不同。通过学习,应该知道简单随机抽样是最基本的抽样组织方式。但在实际抽样过程中,采用较多的是分层抽样、机械抽样等组织方式。

学 习 难 点

1. 总体指标和样本指标关系。用样本指标估计总体指标,样本指标是根据抽样调查资料计算的指标,且是一个变量,而总体指标是由样本指标推算而得,它是一个确定的值。

2. 抽样平均误差的含义。抽样误差是每一个样本指标和总体指标之差。抽样平均误差是所有抽样误差的平均数,实际计算有一定的困难,因而需根据误差计算公式进行计算。

3. 概率、概率度及正态分布。概率是区间估计的基础,通常可理解为把握程度,可信程度。概率度在正态分布情况下和一定的概率相对应。正态分布又称钟形分布,在客观世界中有许多随机现象都服从正态分布。

4. 抽样极限误差。极限误差是样本指标和总体指标之间抽样误差的可能范围,也称为允许误差范围。在计算上它等于概率度和抽样平均误差的乘积。极限误差直接决定着区间估计范围的大小。

5. 样本单位数。样本单位数的确定,在理论上是按极限误差的公式推导而得,在实际运用中应根据具体情况而确定恰当的样本单位数。

练 习 题

一、填空题

1. 抽选样本单位时要遵守_____,使样本单位有_____被抽中的机会。
2. 常用的总体指标有_____、_____、_____。
3. 在抽样估计中,样本指标是_____量,总体指标是_____量。
4. 全及总体标志变异程度越大,抽样误差_____;全及总体标志变异程度越小,抽样误差_____。
5. 抽样估计的方法有_____和_____两种。
6. 分类抽样是_____和_____相结合的抽样方式。
7. 整群抽样是对被抽中群内的_____进行_____的抽样组织方式。
8. 简单随机抽样的成数抽样平均误差计算公式是:重复抽样条件下用_____;不重复抽样条件下用_____。
9. 若总体单位的标志值不呈正态分布,只要_____,全部可能样本指标也会接近于正态分布。
10. 误差范围 Δ,概率度 t 和抽样平均误差 μ 之间的关系是_____。

二、判断题

1. 抽样调查就是凭主观意识,从总体中抽取部分单位进行调查。( )
2. 所有可能的样本平均数的平均数,等于总体平均数。( )
3. 抽样误差是不可避免的,但人们可以调整总体方差的大小来控制抽样误差的大小。( )

4. 样本单位数的多少可以影响抽样误差的大小,而总体标志变异程度的大小和抽样误差无关。（   ）

5. 成数就是具有某种标志的单位数在总体单位总数中所占的比重。（   ）

6. 抽样估计中的点估计就是被估计的总体指标直接等于样本指标。（   ）

7. 重复抽样和不重复抽样是指抽取样本单位的两种方法,各抽样组织方式都可以使用重复抽样和不重复抽样。（   ）

8. 一般而言,分类抽样的误差比纯随机抽样的误差小。（   ）

9. 不重复抽样的抽样误差一定大于重复抽样的抽样误差。（   ）

10. 在不重复抽样的情况下,若调查的单位数为全及总体的20%,则所计算的抽样平均误差比重复抽样计算的抽样误差少20%。（   ）

二、单项选择题(在备选答案中选出一个正确答案)

1. 当全及总体单位数不易编号时,适合采用（   ）方式。
   A. 简单随机抽样　　　　B. 分层抽样
   C. 整群抽样　　　　　　D. 机械抽样

2. 所谓大样本是指样本单位数在（   ）及以上。
   A. 50 个　　　　　　　　B. 30 个
   C. 80 个　　　　　　　　D. 100 个

3. 抽样指标与总体指标之间抽样误差的可能范围是（   ）。
   A. 抽样平均误差　　　　B. 抽样极限误差
   C. 区间估计范围　　　　D. 样本误差

4. 抽样平均误差说明抽样指标与总体指标之间的（   ）。
   A. 实际误差范围　　　　B. 平均误差
   C. 实际误差的平方　　　D. 允许误差

5. 成数方差的计算公式为（　　）。
   A. $p(1-p)^2$　　　　　　B. $\sqrt{p(1-p)}$
   C. $p(1-p)$　　　　　　　D. $p^2(1-p)$

6. 先按某一标志进行分组，然后在各组中按随机原则抽取一部分单位构成样本，这种抽样组织方式称为（　　）。
   A. 整群抽样　　　　　　B. 简单随机抽样
   C. 分类抽样　　　　　　D. 机械抽样

7. 总体平均数和样本平均数之间的关系是（　　）。
   A. 总体平均数是确定值，样本平均数是随机变量
   B. 总体平均数是随机变量，样本平均数是确定值
   C. 两者都是随机变量
   D. 两者都是确定值

8. 在计算必要的样本容量时，若成数方差未知，则可选择（　　）进行计算。
   A. $p=0.25$　　　　　　B. $p=0.5$
   C. $p=1$　　　　　　　　D. p 为任意值

9. 在简单随机重复抽样情况下，若允许误差为原来的 $\frac{2}{3}$，则样本容量（　　）。
   A. 扩大为原来的 3 倍　　　B. 扩大为原来的 $\frac{2}{3}$ 倍
   C. 扩大为原来的 $\frac{4}{9}$ 倍　　D. 扩大为原来的 2.25 倍

四、多项选择题（在备选答案中选择二个及以上正确答案）

1. 影响抽样误差大小的因素有（　　）。
   A. 抽样组织方式不同
   B. 全及总体的标志变动度的大小
   C. 抽样方法不同　　　D. 样本单位数的多少
   E. 抽样总体标志变动度的大小

2. 常用的样本指标有（　　）。
   A. 样本平均数　　　　　　B. 样本成数
   C. 抽样误差　　　　　　　D. 样本方差
   E. 样本标准差

3. 在简单随机重复抽样条件下，抽样单位数 n 的计算公式为（　　）。

   A. $n=\dfrac{t^2\sigma^2}{\Delta_x^2}$ 　　　　B. $n=\dfrac{t^2N\sigma^2}{N\Delta_x^2+t^2\sigma^2}$

   C. $n=\dfrac{t^2p(1-p)^2}{\Delta_p^2}$ 　　　D. $n=\dfrac{t^2p(1-p)}{\Delta_p^2}$

   E. $n=\dfrac{t^2Np(1-p)}{N\Delta_p^2+t^2p(1-p)}$

4. 在总体2 000个单位中，抽取20个单位进行调查，下列各项正确的是（　　）。
   A. 样本单位数是20个　　B. 样本个数是20个
   C. 一个样本有20个单位数　D. 样本容量为20个
   E. 样本可能个数是20个

5. 若进行区间估计，应掌握的指标数值是（　　）。
   A. 样本指标　　　　　　B. 概率度
   C. 总体单位数　　　　　D. 抽样平均误差
   E. 总体指标

五、名词解释

1. 抽样误差　　　　　　　2. 样本
3. 抽样极限误差　　　　　4. 区间估计
5. 机械抽样　　　　　　　6. 分层抽样
7. 整群抽样　　　　　　　8. 不重复抽样

六、简答题

1. 什么是随机原则？在抽样调查中为什么要遵循随机原则？
2. 什么是重复抽样和不重复抽样？为什么重复抽样误差要

大于不重复抽样误差？

3. 样本和总体有什么区别和联系？

4. 影响抽样单位数的主要因素有哪些？

5. 抽样误差、抽样极限误差和概率度三者之间有何关系？

6. 什么是简单随机抽样？有什么特点？

7. 什么是分层抽样？分层抽样和简单随机抽样相比有什么优点？

8. 什么是整群抽样？简述其特点。

七、计算题

1. 对某产品进行重量测试，被抽中的 10 袋产品其重量如下（单位：克）：

48，47，49，50，51，48，46，45，46，49

试计算产品重量的抽样平均误差。

2. 某服装厂对当月生产的 20 000 件衬衫进行质量检查，结果在抽查的 200 件衬衫中有 10 件是不合格品，要求：

（1）以 95.45% 概率推算该产品合格率范围。

（2）该月生产的产品是否超过规定的 8% 的不合格率（概率不变）。

3. 工商部门对某超市经销的小包装休闲食品进行重量合格抽查，规定每包重量不低于 30 克，在 1 000 包食品中抽 1% 进行检验，结果如下：

按重量分组（克）	包　数　（包）
26～27	1
27～28	3
28～29	3
29～30	2
30～31	1
合　　计	10

试以 95.45% 概率推算：

(1) 这批食品的平均每包重量是否符合规定要求。

(2) 若每包食品重量低于 30 克为不合格，求合格率的范围。

4. 某企业对某批零件的质量进行抽样检查，随机抽验 250 个零件，发现有 15 个零件不合格。要求：

(1) 按 68.27% 的概率推算该批零件的不合格率范围。

(2) 按 95.45% 的概率推算该批零件的不合格范围，并说明置信区间和把握程度间的关系。

5. 对某厂日产 1 万个灯泡的使用寿命进行抽样检查，抽取 100 个灯泡，测得其平均寿命为 1 800 小时，标准差为 6 小时。要求：

(1) 按 68.27% 概率计算抽样平均数的极限误差。

(2) 按以上条件，若极限误差不超过 0.4 小时，应抽取多少只灯泡测试？

(3) 按以上条件，若概率提高到 95.45%，应抽取多少灯泡进行测试？

(4) 若极限误差为 0.6 小时，概率为 95.45%，应抽取多少灯泡进行测试？

(5) 通过以上计算，说明允许误差，抽样单位数和概率之间的关系。

6. 若全及成数和抽样成数的误差范围不超过 0.02，概率度为 2，则随机重复抽样的单位数为多少件？

7. 某乡村 1997 年种植水稻 6 000 亩，为测算水稻产量，从中抽取 100 亩进行实割实测，测得平均亩产量为 410 千克，标准差 45 千克。要求：

(1) 计算抽样平均误差。

(2) 以 95.45% 概率估计 6 000 亩水稻的亩产量范围。

(3) 以 95.45% 概率估计 6 000 亩水稻总产量的范围。

8. 对某区 30 户家庭的月收支情况进行抽样调查,发现平均每户每月用于书报费支出为 45 元,抽样平均误差为 2 元,试问应以多少概率才能保证每户每月书报费支出在 41.08 元至 48.92 元之间。(设月支出服从正态分布)

9. 某电子元件公司日产 A 种电子元件 3 000 只,现从中抽取 100 只进行观察,结果 96 只为合格。若推算全部元件的合格率在 94.04%~97.96% 之间,应以多少概率保证。

10. 在简单随机重复抽样中,若抽样单位数增加 3 倍,则抽样平均误差如何变化?若抽样允许误差扩大为原来的 2 倍,则抽样单位数如何变化?若抽样允许误差缩小为原来的 $\frac{1}{2}$ 倍时,抽样单位数如何变化?

第六章 假设检验

学习重点

1. 要掌握假设检验的基本概念。主要包括如下几方面：
(1) 总体的自然状态。
(2) 对总体指标的假设、原假设和替代假设。
(3) 两类错误的理解。
(4) 常用假设检验的统计量、Z 统计量和 t 统计量。

2. 要掌握假设检验的基本内容。主要包括如下几方面：
(1) 对总体平均数的假设检验。
(2) 对总体成数的假设检验。
(3) 双边检验和单边检验。
(4) 总体平均数之差的假设检验。
(5) 两总体成数之差的假设检验。

3. 要掌握假设检验与区间估计的关系。两者推断角度不同，但存在数量上的对应关系。

学习难点

1. 假设检验的含义。在实际应用中，总体的特性往往是未知的。假设检验就是先对总体未知的特性作出假设，然后利用样本的观察值并选择合适的统计量进行检验，判断总体指标的假设和样本描述的情况是否有显著的差异。从而决定对总体特性的假设是否被接受。

2. 如何对总体指标提出假设。对总体指标提出的假设,通常有两种:原假设和替代假设。原假设是接受检验的假设,若原假设成立,则否定替代假设。同时应掌握双边检验和单边检验的不同。

3. 如何运用恰当的统计量进行检验。一般地说,当总体服从正态分布且方差已知时,可用 Z 统计量;当方差未知时,可用 t 统计量。常进行检验的总体特性的指标有总体平均数(期望值)μ,总体的成数 P,总体的方差 σ^2 等。

练 习 题

一、填空题

1. 总体的自然状态可以表现为_____和_____两种。

2. 对总体指标提出的假设可以分为_____和_____。

3. 如果提出的原假设是总体参数等于某一数值,这种假设检验称为_____;如果提出的原假设是总体参数不大于或不小于某一数值,这种假设检验称为_____。

4. 在单侧检验中,若原假设是假设总体参数不小于某一数值,称为_____,若原假设总体参数不大于某一数值,称为_____。

5. 一般地,将临界区域(或接受区域)的端点称为_____。

6. 两总体成数之差的假设检验中,当各自的试验次数充分大时,可用_____统计量进行检验。

7. 两总体均值的假设检验中,两总体均为正态分布但方差未知,且可用_____统计量进行检验,该统计量服从自由度为_____分布。

二、判断题

1. 总体的自然状态在不同的条件下会发生不同的变化。
（ ）

2. 假设检验主要是检验在抽样调查情况下所得到的样本指标是否真实。
（ ）

3. 第一类错误是假设检验中出现的第一种错误,是将不真实的自然状态检验为真实的自然状态。
（ ）

4. 正态分布总体有两个参数,一个是均值(期望值)μ,一个是均方差σ,这两个参数确定以后,一个正态分布也就确定了。
（ ）

5. 就正态分布的总体而言,其检验的参数主要是数学期望μ及方差σ^2。
（ ）

6. 显著水平α表示的是假设检验中获第一类错误的可能性有多大。
（ ）

7. 原假设的接受与否,与选择的检验统计量有关,与α(显著水平)无关。
（ ）

8. 单边检验中,由于所提出的原假设的不同,可分为左侧检验和右侧检验。
（ ）

9. 假设检验和区间估计之间没有必然联系。（ ）

10. 若总体为非正态分布,则不能用Z统计量和t统计量进行检验。
（ ）

11. 无论两个不同总体抽取的样本容量大小是否相等,当总体方差未知而用样本方差代替时,t统计量都服从自由度为n_1+n_2-2的t分布。
（ ）

三、单项选择题(在备选答案中选择一个正确答案)

1. 假设检验是检验（　　）的假设值是否成立。
A. 样本指标　　　　　　　B. 总体指标
C. 样本方差　　　　　　　D. 样本平均数

2. 第二类错误是指总体的（　　）。

A. 真实状态

B. 真实状态检验为非真实状态

C. 非真实状态

D. 非真实状态检验为真实状态

3. 在假设检验中的临界区域是（　　）。

A. 接受域　　　　　　　　B. 拒受域

C. 置信区间　　　　　　　D. 检验域

4. 双边检验的原假设通常是（　　）。

A. $H_0: \mu = \mu_0$　　　　　　B. $H_0: \mu \geq \mu_0$

C. $H_0: \mu \neq \mu_0$　　　　　　D. $H_0: \mu \leq \mu_0$

5. 若总体服从正态分布，且总体方差已知，则通常选用统计量（　　）对总体平均数进行检验。

A. $Z = \dfrac{\bar{x} - \mu_0}{S/\sqrt{n}}$　　　　　　B. $Z = \dfrac{\bar{x} - \mu_0}{\sigma/\sqrt{n}}$

C. $t = \dfrac{\bar{x} - \mu_0}{S/\sqrt{n}}$　　　　　　D. $t = \dfrac{\bar{x} - \mu_0}{\sigma/\sqrt{n}}$

6. 左侧检验的替代假设通常是（　　）。

A. $H_1: \mu > \mu_0$　　　　　　B. $H_1: \mu = \mu_0$

C. $H_1: \mu < \mu_0$　　　　　　D. $H_1: \mu \neq \mu_0$

7. 若总体为非正态分布，则在（　　）情况下，也可选用Z统计量对总体平均数进行检验。

A. 样本容量大于或等于30　　B. 样本容量小于30

C. 样本容量不确定　　　　　D. 总体单位数很大

8. 假设检验和区间估计之间的关系，下列说法正确的是（　　）。

A. 虽然概念不同，但实质相同

B. 两者完全没有关系

C. 互相对应关系

D. 不能从数量上讨论它们之间的对应关系

9. 当两总体均为正态分布但方差未知，且 $n_1=n_2$ 时，平均数检验的统计量是（　　）。

A. $t=\sqrt{\dfrac{n_1 n_2(n_1+n_2-2)}{n_1+n_2}} \cdot \dfrac{\bar{x}_1-\bar{x}_2}{\sqrt{n_1 S_1^2+n_2 S_2^2}}$

B. $Z=\dfrac{(p_1-p_2)-p_0}{\sqrt{\dfrac{p_1(1-p_1)}{n_1}+\dfrac{p_2(1-p_2)}{n_2}}}$

C. $t=\dfrac{(\bar{x}_1-\bar{x}_2)-(\mu_1-\mu_2)}{\sqrt{\dfrac{S_1^2}{n_1}+\dfrac{S_2^2}{n_2}}}$

D. $Z=\dfrac{(\bar{x}_1-\bar{x}_2)-(\mu_1-\mu_2)}{\sqrt{\dfrac{\sigma_1^2}{n_1}+\dfrac{\sigma_2^2}{n_2}}}$

10. 当检验两总体平均数差异时，t 分布的自由度为（　　）。

A. $n-1$　　　　　　　　B. $n-2$

C. n_1+n_2-2　　　　　D. n_1+n_2

四、多项选择题（在备选答案中选出二个及以上正确答案）

1. 根据样本指标，分析总体的假设值是否成立的统计方法称为（　　）。

A. 抽样估计　　　　　　B. 假设检验

C. 统计抽样　　　　　　D. 显著性检验

E. 概率

2. 对总体指标提出假设，通常有原假设和替代假设两种，其中替代假设又称为（　　）。

A. 虚无假设　　　　　　B. 对立假设

C. 零假设　　　　　　　D. 备择假设

E. 错误假设

3. 错误Ⅰ的大小用犯错误Ⅰ的概率来衡量,通常用(　　)来表示。

A. α　　　　　　　　　　B. β
C. 显著水平　　　　　　　　D. $F(t)$
E. $1-\alpha$

4. 统计量 $Z=\dfrac{\bar{x}-\mu_0}{\sigma/\sqrt{n}}$ 可用于(　　)的假设检验。

A. 总体平均数　　　　　　　B. 双边检验
C. 总体成数　　　　　　　　D. 单边检验
E. 样本平均数

5. 统计量 $t=\dfrac{\bar{x}-\mu_0}{S/\sqrt{n}}$ 可用于(　　)的假设检验。

A. 总体平均数　　　　　　　B. 双边检验
C. 总体成数　　　　　　　　D. 单边检验
E. 样本平均数

五、名词解释

1. 自然状态　　　　　　　2. 显著水平
3. 替代假设　　　　　　　4. 统计量
5. 临界值

六、简答题

1. 什么是第Ⅰ类错误,什么是第Ⅱ类错误?
2. 什么是双边检验,什么是单边检验?
3. 试述假设检验的步骤。
4. 如何选择合适的检验统计量?
5. 在单边检验中,如何区分左侧检验和右侧检验?
6. 什么是假设检验? 其作用是什么?
7. 用 Z 统计量检验非正态分布的总体指标,其使用依据是什么?

8. 简述区间估计和假设检验的关系。

七、计算题

1. 设某总体服从正态分布,其标准差 σ 为 12,现抽了一个样本容量为 400 的子样,计算得平均值为 $\bar{x}=21$,试以显著水平 $\alpha=0.05$ 确定总体的平均值是否不超过 20。

2. 某食品厂用自动装袋机包装食品,每袋标准重量为 50 克,每隔一定时间抽取包装袋进行检验。现抽取 10 袋,测得其重量为(单位:克):

49.8, 51, 50.5, 49.5, 49.2, 50.2, 51.2, 50.3, 49.7, 50.6

若每袋重量服从正态分布,问每袋重量是否合符要求。($\alpha=0.10$)

3. 在一批产品中抽 40 件进行调查,发现次品有 6 件,试按显著水平为 0.05 来判断该批产品的次品率是否高于 10%。

4. 某产品的废品率是 17%,经对该产品的生产设备进行技术改造后,从中抽取 200 件产品检验,发现有次品 28 件,能否认为技术改造后提高了产品的质量?($\alpha=0.05$)

5. 假设两个正态分布总体,其方差相同,现分别从总体中各抽 10 个单位进行测试,测得 $\bar{x}_1=1.39, \bar{x}_2=1.42, S_1=0.087, S_2=0.085$,试以 $\alpha=0.05$ 判断两总体的均值是否相等。

6. 1995 年加拿大西岸地区进行抽样调查,抽样人数为 1 600 人,有 37% 的公民认为外来移民会影响到当地的生活品质。2000 年针对同样的问题再进行抽样,抽样人数为 2 000 人,此时有 45% 的人认为外来移民会影响到当地生活品质。在显著水平 $\alpha=0.05$ 下,试问这几年间该地区公民认为外来移民会影响到当地生活品质的比率是否一致?

7. 为了探讨城市居民与乡村居民的寿命长短问题,调查人员分别从城市某区与某乡村去年老人(65 岁以上)的死亡资料中,各抽取 10 位的年龄,得到结果如下:

| 乡村老人 | 78 | 72 | 68 | 88 | 83 | 67 | 92 | 80 | 75 | 86 |
| 城区老人 | 76 | 70 | 74 | 94 | 85 | 76 | 72 | 69 | 75 | 81 |

假设两地区老人（65岁以上）的死亡年龄均服从正态分布，试问在显著水平 $\alpha=0.05$ 下，住乡村且65岁以上的人比住在城市平均寿命长吗？

8. 有两种方法可用于制造某种以抗拉强度为重要特征的产品。经验表明，这两种方法生产的产品的抗拉强度都近似服从正态分布，现从用这两种方法生产的产品中分别随机抽取12个产品和16个产品，其样本均值分别为40千克和32千克，其标准差分别为8千克和6千克，试问这两种方法生产的产品的抗拉强度是否不同（$\alpha=0.05$）？

第七章 相关分析

学习重点

1. 了解相关关系和函数关系的涵义、特点及两者之间的区别、联系。通过对函数关系、相关关系的讨论,深刻理解相关分析的意义。

2. 了解相关关系的几种类型。相关关系的种类主要是对现象进行不同角度分组的结果,它可以从变量个数的多少,相关关系的表现形态,相关关系的性质及相关程度等不同角度来考虑相关问题。

3. 重点掌握两个变量的直线相关分析。需要了解直线相关分析的概念、特点,以及直线情况下,判断现象有无相关关系的几种常用方法。

方法1:相关图、相关表判断法。此方法可以粗略地反映两个变量之间的相关关系及密切程度。

方法2:相关系数判断法。它是判断变量之间有无相关关系以及密切程度如何的主要方法。它要求掌握相关系数的概念、计算公式及判断标准。关于相关系数 r 的计算,首先应从相关系数的定义公式出发,熟记字母 σ_{xy}^2、σ_x、σ_y 的涵义及公式,代入有关公式化简后就得到"积差法"公式。为了简化计算过程,经推导变形又可得出相关系数简捷法的计算公式。要求读者根据掌握的实际资料,熟练应用有关计算公式,来判断现象之间有无相关关系,说明现象的相关程度及方向,对两者的密切程度作出判断。

4. 相关系数 r 的假设检验。检验就是对用样本数据计算的 r 与相应的未知总体相关系数之间的差别的显著性进行检验。

学 习 难 点

1. 相关关系与函数关系的区别及联系。

2. 相关系数 r 的计算公式。计算公式中某些字母的统计涵义及与相关图的对应关系。

3. 对相关系数 r 显著性检验的 F 统计量公式及解释。

练 习 题

一、填空题

1. 根据资料是否分组,相关表可分为_____和_____。

2. 用于描述变量之间关系形态的图形称为_____;用于度量变量之间线性关系密切程度的分析指标称为_____。

3. 相关系数的取值范围是_____。

4. _____是指在线性条件下,自变量 x 与因变量 y 没有相关关系,即相关系数计算结果为_____。

5. 用积差法、简捷法及其他方法求得的相关系数 r,由于计算所依据的数据均来自_____,所以对其被抽出的总体是否具有_____,必须进行假设检验。

二、判断题

1. 两个变量之间的相关关系是否存在,主要由相关系数的大小来决定。   (   )

2. 正相关指的是两个变量的变动方向都是上升的。 (   )

3. 相关系数是测定两个变量之间关系密切程度的唯一方法。
(   )

4. 甲产品产量与单位成本的相关系数是－0.9,乙产品的产量与单位成本的相关系数是0.8,因此乙比甲的相关程度高。
（　）

5. 相关分析中,所分析的两个变量都是随机变量。　（　）

6. 零相关就是不相关。　（　）

7. 根据相关的方向,相关可分为正相关和负相关。（　）

8. 当两个变量的相关系数为1时,说明现象完全相关;当两个变量的相关系数为－1时,说明两个变量之间不相关。（　）

9. 相关系数是在所有情况下,用来说明两个变量相关关系密切程度的统计分析指标。（　）

10. 两个变量中不论假定哪个变量为自变量 x,哪个为因变量 y,都只能计算一个相关系数。（　）

三、单项选择题（在备选答案中选出一个正确答案）

1. 如两变量之间为非线性相关,则这两变量呈（　）。

   A. x 均等变动,y 不均等变动

   B. x 均等变动,y 也均等变动

   C. x 变动,y 不变动

   D. x 变动,y 无规则变动

2. 当所有观察值 y 都落在回归直线 $y_c = a + bx$ 上,则 y 与 x 之间的相关系数有（　）。

   A. 0　　　　　　　　B. 大于1
   C. 小于1　　　　　　D. ±1

3. 当变量 x 值增加时,变量 y 值随之下降,那么 x 和 y 两个变量之间存在着（　）。

   A. 正相关关系　　　　B. 负相关关系
   C. 曲线相关关系　　　D. 直线相关关系

4. 应交税金与应纳税总额之间存在着（　）。

   A. 相关关系　　　　　B. 函数关系

C. 因果关系 D. 回归关系

5. 在一般情况下,下列直线相关关系中,负相关是( )。

A. 商品流转越快,流通费水平越大

B. 产量增加,则产品成本随之降低

C. 消费水平随工资收入的增加而增加

D. 产量减少,生产用的电费减少

6. 相关系数的取值范围是( )。

A. $0 \leqslant r \leqslant 1$ B. $-1 \leqslant r \leqslant 1$

C. $-1 < r < 1$ D. $-1 \leqslant r \leqslant 0$

7. 三个或三个以上变量之间的相关关系称为( )。

A. 单相关 B. 直线相关

C. 复相关 D. 曲线相关

8. 现象之间的相互依存关系程度越高,则相关系数值( )。

A. 越接近∞ B. 越接近$+1$

C. 越接近 0 D. 越接近$+1$ 和-1

9. 若已知$\sum(x-\bar{x})^2$是$\sum(y-\bar{y})^2$的 2 倍,$\sum(x-\bar{x})(y-\bar{y})$是$\sum(y-\bar{y})^2$的 1.2 倍,则相关系数$r=$( )。

A. $\dfrac{\sqrt{2}}{1.2}$ B. $\dfrac{1.2}{\sqrt{2}}$

C. 0.92 D. 0.65

10. 已知$\sigma_{xy}^2=150, \sigma_x=18, \sigma_y=15$,那么变量$x$和$y$的相关系数$r=$( )。

A. 0.045 B. 0.037

C. 0.556 D. 0.08

四、多项选择题(在备选答案中选出二个及以上正确答案)

1. 判定现象之间有无相关关系的方法有( )。

A. 编制相关表 B. 绘制相关图

C. 计算估计标准误差　　D. 计算相关系数

E. 假设检验

2. 当现象完全相关时,有相关系数 $r=$（　　）。

A. $r=0$　　　　　　　　B. $r=1$

C. $r=-1$　　　　　　　D. $r=0.99$

E. $r=-0.5$

3. 如果两个变量之间存在着负相关关系,则下列回归方程(　　)是肯定错误的。

A. $y_c=-8-0.75x$　　　B. $y_c=20-1.5x$

C. $y_c=-75+0.89x$　　D. $y_c=25-0.6x$

E. $y_c=2+0.58x$

4. 计算相关系数时,(　　)。

A. 相关的两个变量都是随机的

B. 相关的两个变量是对等关系

C. 相关的两个变量,一个是随机的,一个是对等的

D. 可以计算出自变量和因变量两个相关系数

E. 相关系数有正负号

5. 相关系数等于零,说明两个变量之间(　　)。

A. 可能完全不相关　　　B. 可能是曲线相关

C. 高度线性关系　　　　D. 中度线性相关

E. 强度线性相关

6. 相关系数(　　)。

A. 是测定直线相关密切程度的一个统计分析指标

B. 可以按积差法公式计算

C. 取值范围在实数 0～1 之间

D. 根据其值符号可以判定相关方向

E. 计算公式可用 $r=\dfrac{L_{xy}}{\sqrt{L_{xx}L_{yy}}}$

7. 如果两个变量高度相关，则下列各项中肯定正确的是（   ）。

A. 相关系数 r 趋于 1 　　B. 判定系数 r^2 趋于 1

C. 估计标准误差 S_y 趋于 0 　D. 估计标准误差 S_y 趋于 ∞

E. 相关系数 r 趋于 -1

8. 相关系数 r 的计算公式有：(   )

A. $r=\dfrac{\sigma_{xy}^2}{\sigma_x \sigma_y}$ 　　B. $r=\dfrac{\sum(x-\bar{x})(y-\bar{y})}{n\sigma_x\sigma_y}$

C. $r=\dfrac{\sum(x-\bar{x})(y-\bar{y})}{\sqrt{\sum(x-\bar{x})^2 \cdot \sum(y-\bar{y})^2}}$

D. $r=\dfrac{L_{xy}}{\sqrt{L_{xx} \cdot L_{yy}}}$ 　　E. $r=\dfrac{\overline{xy}-\bar{x}\cdot\bar{y}}{\sigma_x\sigma_y}$

五、名词解释

1. 相关系数　　　　2. 直线相关

3. 负相关　　　　　4. 非线性相关

5. 相关分析

六、简答题

1. 相关关系与函数关系有什么区别？

2. 判断相关关系的方法有哪些？

3. 零相关与不相关有何区别？

4. 什么叫相关系数？它说明什么问题？怎样计算相关系数？相关系数为 0、+1、−1，分别说明什么问题？

5. 什么叫相关系数的假设检验？如何进行？

6. 进行相关分析时应注意哪些问题？

7. 什么是复相关？什么是复相关系数？

七、计算题

1. 已知：$n=6$　　$\sum x=21$　　$\sum y=426$　　$\sum x^2=79$　　$\sum y^2=30\,268$　　$\sum xy=1\,481$　　试计算相关系数。

2. 一名农业专家在四块相同面积的农田中,作施肥量与亩产量依存关系的试验,得到有关数据如下:

地 块	施肥量(吨)	产量(吨)
A	2	7
B	1	3
C	3	8
D	4	10

根据上表数据:

(1) 请指出上述两个变量中,设定哪个是自变量,哪个是因变量。

(2) 描出散点图。

(3) 计算相关系数。

(4) 对计算结果作出解释。

3. 已知 x、y 两个变量,$L_{xy}=1.7L_{xx}$,σ_y 是 σ_x 的 2 倍,求相关系数 r。

4. 某五金公司在某几个地区拥有相当大的销路。销售经理打算在星期六至星期天的营业时间前,在地区性有线电台上播放广告。为了了解广告效果,她收集了地区性广告次数与销售额资料如下表所示:

地 区	广告次数	销售额(万元)
东 岭	4	1.5
南 岭	2	0.8
西 岭	5	2.1
北 岭	6	2.4
中 岭	3	1.7

试问:

(1) 设定何者是自变量?

(2) 描绘原始资料散点图。
(3) 从上述资料看,广告次数与销售额是否具有关系?
(4) 计算相关系数。
(5) 说明两者的相关程度。

5. 根据 50 个学生的中文成绩和英文成绩进行计算,中文成绩的标准差为 9.75 分,英文成绩的标准差为 7.9 分,两种成绩的协方差为 72 分,由上述资料计算简单直线相关系数,并对中文成绩和英文成绩的相关方向和相关程度作出说明。

6. 为了了解某公司员工的工龄与其工作效率之间的相关性,该公司人力资源管理处进行了一项研究,其目的是想依据研究成果预估员工的工作效率。随机抽取样本如下表所示:

员 工	工 龄	效率分数
叶	1	6
王	20	5
蒋	6	3
李	8	5
孙	2	2
徐	1	2
唐	15	4
朱	8	3

试问:
(1) 设何者为自变量?
(2) 将原始资料作散点图。
(3) 从散点图上可以看出工龄与效率之间有相关性吗?
(4) 请计算相关系数。
(5) 说明两者相关程度。

7. 已知总体相关系数的假设如下:

$$H_0: \rho = 0$$
$$H_1: \rho \neq 0$$

随机抽取 12 对资料得到相关系数为 0.32,在 0.05 的显著水平下,试问能否下结论说,总体的相关系数不为 0。

8. 一项由全球性的 20 家金融机构所作的研究显示,它们的总资产与税前利润的相关程度是 0.86,在 0.05 的显著水平下,试问能否下结论说,总体的相关系数不为 0。

第八章 回归分析

学习重点

1. 了解回归分析的概念,弄清相关分析和回归分析的区别和联系。两者区别表现为:相关分析关心的是变量之间相关的密切程度,回归分析的中心任务则是找出当一个或多个自变量发生变化时,对其具有相关关系的因变量发生影响的统计规律性。两者联系表现为:只有确定了相关关系的变量,才能拟合回归预测模型;只有建立了回归模型,才能最终确定相关关系的形式和性质。

2. 了解回归分析种类,明确本教材讨论一元和多元线性回归问题。

3. 了解回归分析的特点及内容。

4. 理解两个变量确实存在直线相关关系时,应根据最小平方法原理配合一元线性回归模型。熟练掌握运用标准方程组或公式,理解参数 a,b 的统计含义,对未分组资料配合回归直线模型。

5. 理解判定系数的概念。判定系数是度量估计回归方程符合数据良好程度的指标。理解判定系数与相关系数的关系。

6. 理解估计标准误的概念,即估计标准误是根据回归方程测定的各个观察点的估计值 $\hat{y}$ 与实际值 y 之间的平均离差。要能对已配合直线的回归模型计算其估计标准误,并根据计算结果,对回归模型的代表性作出判断。要理解：r^2 和 S_y 变化方向相反。当 r^2 越大时，S_y 越小，表明相关密切程度较高，反之亦然。

7. 回归直线的假设，用正态分布性质加以判断及解释。

8. 了解相关系数、判定系数与估计标准误的关系。由此得出剩余平方和（SSE）在很大程度上可以影响回归平方和占总平方和的比重（$SSR/SS_总$）的结论。

9. 理解对回归系数 b 假设检验的意义，即假设如果 x 和 y 之间有线性关系，那么回归直线的真实斜率 β 有非零值，由此可作出接受或拒绝原假设的结论；了解对 β 的假设检验的程序与方法。

10. 回归的区间估计。不同公式的应用条件及几何解释。

11. 回归模型的方差分析。通过统计量 F 来说明回归模型的效果是否显著。

12. 介绍多元线性回归模型，介绍多元回归模型分析中的常用指标。

学 习 难 点

1. 相关分析与回归分析的区别与联系。
2. 求解一元线性回归模型参数 a、b 的公式。
3. 判定系数、相关系数、估计标准误三者的关系，包括对总平方和可以分解成回归平方和和剩余平方和的理解。
4. 估计标准误的计算及其计算结果在区间估计中的作用。
5. 对回归系数 b 的假设检验过程。
6. 回归的区间估计，讨论大样本、小样本区间估计时不同的公式。
7. 方差分析检验，计算统计量 F。

8. 多元线性回归模型的建立,多元相关系数以及偏相关系数的计算。

练 习 题

一、填空题

1. 对于直线趋势方程 $y_c = a + bx$,已知 $\sum x = 0, \sum xy = 130, n = 9, \sum x^2 = 169, a = b$,则趋势方程中的 $b = _____$。

2. 回归直线方程 $y_c = a + bx$ 中的参数 b 是 $_____$。估计待定参数 a 和 b 常用方法是 $_____$。

3. 度量用估计回归方程能够解释的变化比重的指标称 $_____$。

4. 反映实际观察值与估计值的平均离差的指标称 $_____$。

5. 在对回归系数 b 的假设检验过程中,我们一般选择 $_____$ 分布作为检验统计量。

二、判断题

1. 回归分析中,对于没有明显因果关系的两个变量可以求得两个回归方程。 （ ）

2. 一个回归方程只能作一种推算,即给出自变量的数值估计因变量的可能值。 （ ）

3. 剩余平方和越小,可决系数越小。 （ ）

4. 回归系数越大则相关关系越密切。 （ ）

5. 估计标准误的变动范围是 $-1 \leqslant S_y \leqslant 1$。 （ ）

6. 相关系数是判定系数的正平方根。 （ ）

7. 在关于回归系数 β 的假设检验中,我们只能用 t 分布作为检验的统计量。 （ ）

8. 所谓区间估计,就是确定自变量的某一 x_0 值时,求相应的因变量的估计值 y_0。 （ ）

9. 相关系数 r 与估计标准误 S_y 成反比。（　　）

10. 方差分析检验中,若统计量 $F \geqslant F_\alpha$,表明回归效果不显著,即变量之间不存在线性关系。（　　）

三、单项选择题(在备选答案中选出一个正确答案)

1. 相关分析和回归分析相比较,对变量的性质要求有所不同,回归分析中要求（　　）。
   A. 因变量是随机的,自变量是给定的
   B. 两个变量都是随机的
   C. 两个变量都不是随机的
   D. 因变量是给定的,自变量是随机的

2. 回归系数的取值范围是（　　）。
   A. $(-\infty, +\infty)$　　　　　B. $[-1, 0]$
   C. $[0, 1]$　　　　　　　　　D. $[-1, 1]$

3. 在回归方程 $y_c = a + bx$ 中,回归系数 b 表示（　　）。
   A. 当 $x=0$ 时 y 的估计值
   B. y 变动一个单位时 x 的平均变动值
   C. x 变动一个单位时 y 的变动总额
   D. x 变动一个单位时 y 的平均变动值

4. 已知某厂甲产品的产量和生产成本有关,在这条直线上,当产量为1 000 件时,其生产成本总额为 30 000 元,其中不随产量变动的固定成本为6 000 元,则成本总额对产量的回归直线方程为（　　）。
   A. $y_c = 6\,000 + 24x$　　　　B. $y_c = 6 + 0.24x$
   C. $y_c = 6\,000 - 24x$　　　　D. $y_c = 24\,000 + 6x$

5. 一元回归模型方差分析的假设检验是采用（　　）。
   A. $Z = \dfrac{b - \beta}{\sigma_b}$　　　　　　B. $F = \dfrac{SSR/m}{SSE/(n-m+1)}$
   C. $|t| = \dfrac{b - \beta}{\hat{\sigma}_b}$　　　　　D. $F = \dfrac{SSR/1}{SSE/n-2}$

6. 假若回归直线的对应值服从正态分布且样本足够大,则 y_c ±1S_y 大约涵盖(　　)的观察值。

A. 100%　　　　　　　　B. 99%
C. 68%　　　　　　　　D. 95%

7. 样本容量大小与样本相关系数取值密切相关,若当 x 与 y 各只有 2 个样本数据时,其相关系数计算结果总是为 1,这说明(　　)。

A. 两个变量一定完全相关　　B. 两个变量一定完全无关
C. 两个变量不一定完全相关
D. 两个变量一定高度相关

8. 我们一般可以通过回归系数的显著性检验来确认根据样本数据建立的回归模型是否满足其基本假设,若检验结果 $\beta=0$,说明(　　)。

A. x 与 y 不存在线性关系
B. x 与 y 确实存在线性关系
C. 回归直线的斜率为 0
D. 总体回归模型中 y 随 x 变动而变动

9. 多元线性回归分析中,估计标准误可用(　　)计算。

A. $S_y = \sqrt{\dfrac{\sum(y-\hat{y})^2}{n-2}}$

B. $S_d = S_y \cdot \sqrt{1 + \dfrac{1}{n} + \dfrac{(x_0-\bar{x})^2}{\sum(x-\bar{x})^2}}$

C. $S_y = \sqrt{\dfrac{\sum(y-y_c)^2}{n-2}}$

D. $S_y = \sqrt{\dfrac{\sum y^2 - a\sum y - b\sum xy}{n-m+1}}$

四、多项选择题(在备选答案中,选出二个及以上正确答案)

1. 直线回归分析中,(　　)。

A. 自变量是给定的数值,因变量是随机的
B. 根据回归系数可以判定相关的方向
C. 两个变量不是对等的关系
D. 利用一个回归方程,两个变量可以互相推算
E. 对于没有明显关系的两个变量也只能求一个回归直线方程

2. 若变量 x 与 y 之间没有线性关系,则(　　)。

A. $r=0$
B. $b=0$
C. $r^2=0$
D. $S_y=0$
E. $S_y=1$

3. 设单位成本(元)对产量(千件)的一元线性回归方程 $y_c=90-7x$,它表明(　　)。

A. 单位成本与产量之间存在负相关
B. 单位成本与产量之间存在正相关
C. 产量为 1 千件时单位成本为 83 元
D. 产量每增加 1 千件时单位成本平均减少 7 元
E. 产量每增加 1 千件时单位成本平均增加 7 元

4. 若两个变量高度相关,则下列各项中肯定正确的是(　　)。

A. 判定系数 r^2 趋于 1
B. 相关系数趋于 1
C. 估计标准误 S_y 趋于 0
D. 估计标准误 S_y 趋于 $+\infty$
E. 回归系数 b 趋于 1

5. 对消费品零售额(亿元)y 与居民收入(亿元)x_1、居民人数(万人)x_2 的关系进行多元线性回归分析中,得到线性方程 $y_c=-12.69+0.76x_1+0.05x_2$,则(　　)。

A. 消费品零售额与居民收入、居民人数成正相关

B. 当居民人数不变时,居民收入每增加1亿元则消费品零售额平均增加0.76亿元

C. 当居民收入不变时,居民人数每增加1万人则消费品零售额平均增加0.05亿元

D. 当居民人数不变时,居民收入每增加1亿元则消费品零售额平均减少0.76亿元

E. 当居民收入不变时,居民人数每增加1万人则消费品零售额平均减少0.05亿元

五、名词解释

1. 回归分析
2. 估计标准误
3. 判定系数
4. 最小平方法
5. 一元回归方差分析

六、简答题

1. 什么是简单直线回归?
2. 什么是估计标准误?有什么作用?
3. 什么是回归系数?它的统计含义是什么?
4. 估计标准误与相关系数有什么关系?
5. 大样本的回归系数 b 的假设检验的程序有哪几步?
6. 什么是总离差平方和?什么是回归平方和?什么是残差平方和?三者关系如何表示?
7. 什么是多元线性回归分析?其分析的常用指标有哪些?

七、计算题

1. 根据下列资料,编制回归直线方程 $y_c = a + bx$,并计算相关系数。

$\overline{xy} = 146.5$　　$\bar{x} = 12.6$　　$\bar{y} = 11.3$　　$\overline{x^2} = 164.2$　　$\overline{y^2} = 134.6$

$a = 1.7575$

2. 根据下列资料,编制回归直线方程 $y_c = a + bx$,并计算估计

标准误差 S_y。

$\sigma_x^2=25$　　$\sigma_y^2=36$　　$r=0.9$　　$a=2.8$

3. 经过观察,选取下列样本观察值如下表所示:

x	y
5	13
3	15
6	7
3	12
4	13
4	11
6	9
8	5

要求:

(1) 建立回归方程式。

(2) 当 $x=7$ 时,计算 y_c 的值。

4. 国际金属公司生产部门欲了解生产线上员工人数与其产量间的关系。有关实验的结果如下表所示:

员 工 人 数	每小时产量(件)
2	15
4	25
1	10
5	40
3	30

其中:员工人数为自变量,产量为因变量。

(1) 描出散点图。

(2) 从散点图上可以看出员工人数与产量有任何关系吗?

(3) 建立回归方程式。

(4) 若其生产线上有 3 名员工,请问预计的每小时产量是多少?

(5) 计算估计标准误。

5. 现随机从某国某地区抽出 10 个家庭,就一个家庭每周在食物上的消费额和家庭成员人数的关系进行研究,得到样本资料如下表所示:

编 号	家 庭 人 数	食物消费额(元)
1	3	99
2	6	104
3	5	151
4	6	129
5	6	142
6	3	111
7	4	74
8	4	91
9	5	119
10	3	91

根据上表资料:

(1) 建立回归方程式。

(2) 计算估计标准误。

(3) 预测一个四口之家每周的食物消费额,并估计一个概率为 95% 的置信区间。

6. 设 x 为自变量,y 为因变量,若 σ_y 是 σ_x 的 1/2,而 S_y 又是 σ_y 的 1/2,试求回归系数 b。

7. 设 x 为自变量,y 为因变量,n 为样本容量,回归直线方程为 $y_c = a + bx$,又知相关系数为 0.8,$\sigma_x = \frac{1}{2}\sigma_y$,$\frac{\sum x}{n} = 20$,$\frac{\sum y}{n} = 50$,试求回归直线方程。

8. 五名业务员的测试成绩与每周业绩的成对资料如下表所示：

姓 名	测试成绩	每周业绩
叶	4	5 000
徐	7	12 000
王	3	4 000
刘	6	8 000
李	10	11 000

试问：

（1）判定系数是多少？

（2）估计标准误是多少？

9. 假定其他条件不变，某种商品的需求量（y）与该商品的价格（x）有关，现对某一时期内的该商品的价格及需求量进行观察，得到有关数据如下表所示：

价格 x（元）	10	6	8	9	12	11	9	10	12	7
需求量 y（件）	60	72	70	56	55	57	57	53	54	70

试问：

（1）价格与需求量之间的相关系数是多少？请说明相关方向和程度。

（2）建立需求量对价格的回归直线方程。

（3）计算判定系数 r^2 和估计标准误 S_y，说明回归直线的拟合程度。

10. 设 x 为自变量，y 为因变量，S_y 为 y 对 x 的估计标准误，r 为 x 与 y 之间的简单相关系数，试推导（1）和（2）两个关系式：

（1）$S_y = \sigma_y \cdot \sqrt{1-r^2}$。

（2）$r = \sqrt{1 - \dfrac{S_y^2}{\sigma_y^2}}$。

11. 某大学教务处想要研究学生每天用功的时间和学生的年龄对 7 门学科总成绩的影响。调查人员选取了五位学生得到以下资料：

学科总成绩	每天用功时间	学 生 年 龄
550	3.2	22
570	2.7	27
525	2.5	24
670	3.4	28
490	2.2	23

根据上表资料：

(1) 建立以成绩为因变量的多元线性回归方程。

(2) 当一位年龄为 25 岁的学生每天用功 3 小时，则这位学生的学科总成绩估计为多少？

(3) 计算复相关系数以说明三者关系。

(4) 计算估计标准误 S_y。

(5) 在显著水平 $\alpha=0.05$ 下，运用 F 统计量对回归方程相关性进行假设检验。

第九章 时间数列

学 习 重 点

1. 时间数列的概念、种类和编制原则。在了解时间数列概念的基础上,将时间数列分为绝对数时间数列,相对数时间数列,平均数时间数列,以便根据不同的资料条件,使用不同的计算方法,反映不同的问题。同时,强调编制时间数列最基本的原则是可比性。

2. 时间数列的水平指标。它包括四个具体指标:发展水平、平均发展水平、增长量和平均增长量。要了解上述指标的含义、计算方法、特点及某些指标间的变换关系,便于估计及推算。

3. 时间数列的速度指标。它包括四个具体指标:发展速度、增长速度、平均发展速度、平均增长速度,尤其要熟练掌握平均发展速度计算的公式,注意计算方法中的水平法及累计法的区别。

4. 时间数列的因素分析。将引起时间数列中各期发展水平变化的因素分解成:长期趋势、循环变动、季节变动、不规则变动。了解每种因素的概念及根据时间数列的分析理论,将四种因素之间的关系用加法模型、乘法模型来假设。

长期趋势的测定与分析:要求了解测定长期趋势的几种具体方法:随手画线法、移动平均法、最小平方法。

季节变动的影响及测定:按是否考虑长期趋势的影响可分为不考虑长期趋势的影响及考虑长期趋势的影响两种。季节变动分析的目的是考察季节变动对时间数列的影响及如何消除这种影响,更好地安排生产及供给。

学 习 难 点

1. 时间数列的分类。既要了解可将时间数列分为绝对数时间数列、相对数时间数列、平均数时间数列,还要了解绝对数时间数列又可分为时期数列和时点数列。

2. 平均发展水平(又称序时平均数)。要掌握序时平均数与一般平均数的区别,不同类型的时间数列中序时平均数的不同计算公式,尤其是对于用绝对数时间数列计算序时平均数的五个公式要求能熟练运用,同时要求掌握逐期增长量、累积增长量的涵义及换算关系。

3. 熟练掌握计算平均发展速度的公式,重点是水平法。要求掌握以下几种关系:① 定基发展速度等于相应的各个环比发展速度的连乘积。② 两个相邻时期的定基发展速度相除之商等于相应的环比发展速度。③ 增长速度等于发展速度减 1 或 100%。④ 平均增长速度等于平均发展速度减 1 或 100%。

4. 在时间数列变动分析中公式众多,要求掌握移动平均数,用最小平方方法配合的直线方程及季节变动测定中的考虑长期趋势影响的具体方法。

总之,本章的特点是:概念多、方法多、指标多。要求弄清概念,熟记计算公式及某些指标之间的换算。

练 习 题

一、填空题

1. 时间数列可分为 _____、_____ 和 _____

三种。

2. 根据时间数列中不同时期的发展水平计算所得的平均数叫_____，又称_____。

3. 时间数列一般由两个要素构成：一个是现象所属的_____；另一个是反映现象的_____。

4. 计算平均发展速度的方法有_____和_____。

5. 平均增长速度和平均发展速度之间的联系是_____。

6. 相对数时间数列的基本计算公式是_____。

7. 时间数列在形式上的变化可分成_____、_____、_____、_____四种因素来考虑。

8. 测定长期趋势的主要方法有_____、_____和_____。

9. 若原始数列中无明显周期变动,用_____项移动平均较为简便。

10. 以时间数列的_____项为原点与以_____项为原点,可计算出两个直线方程,两个方程的_____相等,但_____不等,所得的趋势值_____。

二、判断题

1. 平均增长速度是把各期增长速度的连乘积开 n 次方后,用几何平均数计算出来的。（ ）

2. 定基发展速度等于相应的各个环比发展速度之和。（ ）

3. 若各期的增长量相等,则各期的增长速度也相等。（ ）

4. 定基增长量不能加总得到总增长量,因为它存在许多重复计算。（ ）

5. 累积增长量与逐期增长量之间的关系是,累积增长量等于相应各个逐期增长量之和。（ ）

6. 计算平均发展速度的几何法侧重考察整个时期中各年发

展水平的总和,累计法侧重考察期末发展水平。（ ）

7. 最佳拟合趋势最好的判断方法是用各条线 y_c 与实际值 y 的离差平方和 $\sum(y-y_c)^2$ 的大小来判断。（ ）

8. 若某地 2000 年末人口数为 120 万,假定人口增长率稳定在 1‰,则到 2010 年末时,该市人口数为 110 万。（ ）

9. 用移动平均法和最小平方法计算而得的长期趋势线完全一致。（ ）

10. 根据最小平方法建立直线方程后,可以精确地外推任意一年的趋势值。（ ）

三、单项选择题（在备选答案中选出一个正确答案）

1. 编制时间数列,要求在时间间隔方面（ ）。

A. 必须相等　　　　　　B. 可相等也可不相等
C. 必须不相等　　　　　D. 不需要考虑

2. 以 1950 年 a_0 为最初水平,2000 年 a_n 为最末水平,在计算钢产量的年平均发展速度时,需要开（ ）。

A. 48 次方　　　　　　B. 49 次方
C. 50 次方　　　　　　D. 51 次方

3. 间隔不等间断时点数列的序时平均数的计算公式是（ ）。

A. $\bar{a}=\dfrac{\dfrac{a_1}{2}+a_2+a_3+\cdots+\dfrac{a_n}{2}}{n-1}$

B. $\bar{a}=\dfrac{\sum a}{n}$

C. $\bar{a}=\dfrac{\sum af}{\sum f}$

D. $\bar{a}=\dfrac{\dfrac{a_1+a_2}{2}f_1+\dfrac{a_2+a_3}{2}f_2+\cdots+\dfrac{a_{n-1}+a_n}{2}f_{n-1}}{f_1+f_2+\cdots+f_{n-1}}$

4. 累积增减量与逐期增减量的关系是（　　）。
   A. 逐期增减量之和等于累积增减量
   B. 逐期增减量之积等于累积增减量
   C. 累积增加量之和等于逐期增减量
   D. 两者没有直接关系

5. 环比发展速度与定基发展速度之间的关系是（　　）。
   A. 定基发展速度等于环比发展速度之和
   B. 环比发展速度等于定基发展速度的平方根
   C. 环比发展速度的连乘积等于定基发展速度
   D. 环比发展速度等于定基发展速度减 1

6. 某公司 1 月、2 月、3 月、4 月职工平均人数分别为 190 人、215 人、220 人和 230 人，该公司一季度月职工平均人数为（　　）。

   A. $\dfrac{\dfrac{190}{2}+215+220+\dfrac{230}{2}}{3}=215(人)$

   B. $\dfrac{190+215+220}{3}=203(人)$

   C. $\dfrac{215+220+230}{3}=222(人)$

   D. $\dfrac{190+215+230}{3}=214(人)$

7. 时间数列一般由（　　）要素构成。
   A. 一个　　　　　　　　B. 二个
   C. 三个　　　　　　　　D. 四个

8. 某商店三年中商品销售额每年增加 10 万元，则每年商品销售额的发展速度（　　）。
   A. 提高　　　　　　　　B. 降低
   C. 不变　　　　　　　　D. 无法判断

9. 若某厂 2000 年产值为 120 万元，经过努力，两年来累计增加产值 80 万元,则每年平均增长速度为( )。

　　A. 66.67%　　　　　　　B. 29%
　　C. 33.33%　　　　　　　D. 50%

10. 某地区 1990～2000 年按年排列的每人分摊粮食产量的时间数列是( )。

　　A. 绝对数的时期数列　　　B. 绝对数的时点数列
　　C. 相对数时间数列　　　　D. 平均数时间数列

四、多项选择题(在备选答案中选出二个及以上正确答案)

1. 时点数列的特点有( )。

A. 数列中各个指标数值可以相加
B. 数列中各个指标数值不具可加性
C. 指标数值是通过一次登记取得的
D. 指标数值的大小与时期长短没有直接联系
E. 指标数值是通过连续不断登记取得的

2. 在时间数列 $a_0, a_1, a_2, \cdots, a_n$ 中,用水平法计算各期发展速度的平均值是( )。

　　A. $\bar{x}=\sqrt[n]{X_1 X_2 \cdots X_n}$　　　　B. $\bar{x}=\sqrt[n]{\dfrac{X_n}{X_1}}$

　　C. $\bar{x}=\sqrt[n]{R}$　　　　　　　　D. $\bar{x}=\sqrt[n]{\dfrac{a_n}{a_1}}$

　　E. $\bar{x}=\sqrt[n]{\prod X}$

3. 进行长期趋势分析的方法有( )。

　　A. 随手画线法　　　　　B. 移动平均法
　　C. 随机抽样法　　　　　D. 序时平均数
　　E. 最小平方法

4. 序时平均数与一般平均数都是反映现象的一般水平,但两者存在差别,表现在( )。

A. 序时平均数反映不同时期指标的一般水平,而一般平均

数反映同一时期指标的一般水平

B. 序时平均数是从动态上说明现象的一般水平,一般平均数是从静态上说明现象的一般水平

C. 序时平均数可由简单算术平均数和加权算术平均数计算,而一般平均数只由简单算术平均数计算

D. 序时平均数是根据动态数列计算的,一般平均数是根据变量数列计算的

E. 序时平均数和一般平均数只是说法不同,其性质并无不同

5. 若无季节变动,则各季的季节变动比率为(　　)。

A. 0　　　　　　　　　　　B. 1
C. 100%　　　　　　　　　D. 小于100%
E. 大于100%

五、名词解释

1. 时间数列　　　　　　　2. 平均发展水平
3. 增长速度　　　　　　　4. 平均发展速度
5. 长期趋势　　　　　　　6. 季节变动
7. 循环变动

六、简答题

1. 什么是时间数列？时间数列有哪几种？
2. 在动态分析中,时期数列与时点数列各有什么特点？
3. 序时平均数与一般平均数有何异同？
4. 什么是逐期增减量和累积增减量？它们之间的关系如何？
5. 什么是环比发展速度和定基发展速度？它们之间的关系如何？
6. 研究长期趋势的意义是什么？揭示现象发展趋势的方法有几种？
7. 动态数列在什么情况下必须修匀？修匀的主要方法有几种？应用时必须注意什么问题？

8. 在考虑长期趋势下,怎样测定季节比率?

七、计算题

1. 某市各月月初人口资料如下表所示:

单位:万人

2000年	1月	2月	3月	4月	6月	8月	10月	2001年1月
人口	22	19	20	24	25	26	26	28

试计算 2000 年月平均人口数。

2. 某公司 1~7 月商品库存资料如表所示:

单位:万元

	1月	2月	3月	4月	5月	6月	7月
月初库存	500	510	514	526	( )	( )	( )
月平均库存	( )	( )	( )	533	549	564	577

试计算:

(1) 1~3 月各月平均库存。

(2) 5~7 月各月月初库存。

(3) 第一季度、第二季度以及上半年月平均库存。

3. 下列时间数列若有不恰当处,请指出并改正。

(1) 某工厂 1 月份实际完成产值 50 万元,刚好完成计划;2 月份实际产值 61.2 万元,超额完成计划 2%;3 月份实际产值 83.2 万元,超额完成计划 4%,则第一季度平均超额完成计划 2%。

$$\frac{0+2\%+4\%}{3}=2\%$$

(2) 某校学生人数逐年有所增加,1999 年比 1998 年增加 10%,2000 年比 1999 年增加 12%,2001 年比 2000 年增加 18%,三年来在校学生人数共增加 40%。

$$10\%+12\%+18\%=40\%$$

(3) 某厂 1 月份平均人数为 180 人,2 月份平均人数为 210 人,3 月份平均人数为 220 人,4 月份平均人数为 230 人,所以第一季度月平均人数为212人。

$$\frac{\frac{180}{2}+210+220+\frac{230}{2}}{3}\approx212(人)$$

4. 某厂第一季度总产值及平均每个工人产值资料如下表所示：

	1月	2月	3月
总产值（万元）	20	22.44	24.15
工人平均产值（元/人）	2 000	2 200	2 300

试计算：

（1）该厂第一季度的月劳动生产率。

（2）第一季度的劳动生产率。

5. 假定某产品产量计划规定2000年将比1995年增长137%，试问每年平均增长百分之几才能达到这个目标。若1997年该产品比1995年增长55%，问以后三年中每年平均应该增长百分之几才能完成任务？

6. 某种药品的价格1990～1995年下降了20%，1995～2000年又下降了80%，请问该种药品的价格10年的平均下降速度是多少？

7. 甲、乙两地区某种产品产量历年资料如下表所示：

单位：吨

年 份	甲地区	乙地区
1998	4 567	40 044
1999	5 361	42 904
2000	6 485	45 995
2001	7 060	49 100
2002	8 716	51 900

试计算:

(1) 两地区的平均发展速度及平均增长速度。

(2) 按甲地区的现有平均发展速度发展,再有多少年可以赶上乙地区的水平?

(3) 若甲地区要在 15 年赶上乙地区,甲地区应有怎样的平均发展速度?

8. 某厂 2000 年的产值为 1 000 万元,规划 10 年内产值翻一番,试计算:

(1) 从 2001 年起每年要保持怎样的平均增长速度,产值才能在 10 年内翻一番?

(2) 若 2000~2002 年两年的平均发展速度为 105%,那么后 8 年应有怎样的平均发展速度才能做到 10 年内翻一番?

(3) 若要求提前两年达到产值翻一番的要求,则每年应有怎样的平均发展速度?

9. 某厂历年产值资料如下表所示:

计量单位:万元

年份	发展水平	增长量		发展速度(%)		增长速度(%)		增长1%绝对值	平均发展水平	平均发展速度(%)	平均增减速度(%)	平均增减量
		逐期	累积	环比	定基	环比	定基					
1998												
1999												
2000		3				20						
2001									15.75		18.92	
2002					175							
合计												

试填上表内空格。

10. 某市 2000~2002 年各月毛线销售量如下表所示:

单位：吨

时间	2000年	2001年	2002年
1月	172	165	181
2月	162	170	184
3月	138	140	145
4月	120	128	145
5月	15	17	19
6月	13	14	15
7月	14	15	16
8月	111	113	115
9月	180	196	194
10月	190	248	261
11月	182	234	244
12月	185	210	223

根据以上资料，试求不考虑长期趋势影响下的季节指数，并做简要分析。

11. 某食品店自1998年以来的销售额如下表所示：

年　度	销售额(万元)
1998	70
1999	100
2000	90
2001	110
2002	130

根据以上资料，试求：
（1）最小平方趋势方程式。
（2）估计2005年的销售额。

第十章 统计指数

学习重点

1. 指数的含义与种类。指数有两种含义:一种是广义的指数,它是指一切说明社会经济现象变动的相对数;另一种是狭义的指数,它是指说明复杂社会经济现象总体数量综合变动的特殊相对数。要区分广义指数与狭义指数的含义,深刻理解狭义指数的意义和作用。要掌握统计指数按研究对象、研究对象的内容、对比基期三个不同角度的分类及其有关概念,它们是指数理论和方法中的基本概念。了解指数在经济分析中的作用。

2. 深刻理解综合指数的特点,掌握综合指数编制的一般原理以及编制数量指标指数和编制质量指标指数的一般原则。了解同度量因素不仅起同度量作用,而且还起权数作用。

综合指数是两个总量指标对比而得到的指数,即在所研究的总量指标中,都包含两个或两个以上的因素,将其中一个或一个以上的因素指标固定下来,只观察其中的一个因素的变动。被固定的因素称为同度量因素。在编制综合指数时,编制数量指标综合指数一般采用基期质量指标作同度量因素;编制质量指标综合指数一般采用报告期数量指标作同度量因素。这是综合指数编制的一般原则。由此,我们可以得出以下两个基本的综合指数公式:

数量指标综合指数公式,又称拉氏指数公式。即

$$K_Q = \frac{\sum Q_1 P_0}{\sum Q_0 P_0}$$

质量指标综合指数公式,又称派氏指数公式。即

$$K_P = \frac{\sum P_1 Q_1}{\sum P_0 Q_1}$$

3. 理解平均数指数的基本含义和特点,掌握平均数指数与综合指数的区别和联系。

平均数指数是总指数编制的另一基本方法。平均数指数是先计算出复杂社会经济现象总体中单项事物的个体指数(数量指标个体指数或质量指标个体指数),然后对个体指数进行加权平均,再计算总指数以测定复杂社会经济现象总体的平均变动程度。平均数指数可以采用两种形式的权数:综合指数变形和固定权数。

综合指数变形的平均数指数:加权算术平均数指数是对个体指数运用加权算术平均数的方法编制总指数。其计算公式为:

$$\bar{K}_Q = \frac{\sum K_Q P_0 Q_0}{\sum P_0 Q_0}$$

由于该公式中应用 $P_0 Q_0$ 即基期总量指标作为权数才有实际意义,所以它适用于数量指标综合指数的变形。

加权调和平均数指数是对个体指数运用加权调和平均数的方法编制总指数。其计算公式为:

$$\bar{K}_P = \frac{\sum P_1 Q_1}{\sum \frac{P_1 Q_1}{K_P}}$$

由于该公式中应用 $P_1 Q_1$ 即报告期总量指标作为权数才有实际意义,所以它适用于质量指标综合指数的变形。

固定权数形式的平均数指数:固定权数形式的平均数指数同样有加权算术平均和加权调和平均两种形式,但在实际工作中,加权调和平均数指数极少采用,主要运用加权算术平均数指数,其公

式为：

$$\bar{K} = \frac{\sum KW}{\sum W}$$

运用固定权数平均数指数编制的总指数,在运用公式时不分数量指标指数和质量指标指数。同时,运用固定权数平均数指数编制总指数时,不能进行绝对值分析。

4. 掌握指数体系的含义及构成条件,掌握指数体系分析的基本原理及其作用。

指数体系是指三个或三个以上的具有内在联系的统计指数所构成的有机整体。构成指数体系的统计指数必须满足两个条件：一是各因素指数的乘积等于总变动指数；二是各因素指数的分子、分母的差额之和等于总变动指数实际发生的总差额。其公式为：

$$\frac{\sum P_1 Q_1}{\sum P_0 Q_0} = \frac{\sum P_0 Q_1}{\sum P_0 Q_0} \times \frac{\sum P_1 Q_1}{\sum P_0 Q_1}$$

$$(\sum P_1 Q_1 - \sum P_0 Q_0) = (\sum P_0 Q_1 - \sum P_0 Q_0) + (\sum P_1 Q_1 - \sum P_0 Q_1)$$

指数体系分析可以是简单现象,也可以是复杂现象；可以是两因素分析,也可以是多因素分析。

学 习 难 点

1. 总指数的含义。总指数是反映复杂社会经济现象综合变动的相对数,它与一般相对数有着本质区别：一般相对数是反映简单现象变动的相对数,因此,总指数并不是简单相对数之和,而必须运用特殊的方法编制。

2. 综合指数的编制。在综合指数编制中,同度量因素起着重要作用。深刻理解同度量因素的含义和作用,掌握同度量因素的选择、时期固定的一般原则成为掌握综合指数编制的关键问题,也是掌握指数体系理论和方法的关键问题,而这一问题也是较难理解和掌握的内容。

3. 平均数指数和综合指数的相互换算。当平均数指数采用实际总量指标作为权数时,与综合指数公式可以相互换算且计算结果一致,但两者经济含义不同。根据综合指数编制的一般原则和实际应用的需要,数量指标综合指数和质量指标综合指数都有特定的变形型式。

4. 指数体系的要求。运用指数理论和方法对现象进行因素分析即编制指数体系。但是,指数体系只是因素分析方法之一,并不是所有因素分析都能运用指数体系的方法。要用指数体系进行因素分析必须满足特定的条件。

5. 几种常用的经济指数的编制。包括工业生产指数、股票价格指数与消费者物价指数。

练 习 题

一、填空题

1. 按照所研究对象的内容不同,统计指数分为_____和_____。

2. 编制总指数的基本方法有两种,即_____和_____。

3. 在一般情况下,数量指标综合指数的同度量因素固定在_____,质量指标综合指数的同度量因素固定在_____。

4. 平均数指数的两种基本形式是_____和_____。

5. 拉氏数量指数公式是_____,派氏数量指数公式是_____。

二、判断题

1. 统计指数是一种特殊的相对数,它只用于现象总体的综合

数量在不同时间的综合对比。   (   )

2. 统计指数的本质是对简单相对数的平均。   (   )

3. 综合指数是编制总指数的基本形式,其他方法都是由综合指数所派生。   (   )

4. 在编制综合指数时,虽然将同度量因素加以固定,但是,同度量因素仍起权数作用。   (   )

5. 拉氏数量指数并不是编制数量指标综合指数的唯一的公式。   (   )

6. 平均数指数是从个体指数出发,对个体指数进行加权平均以观察个体指数的平均水平。   (   )

7. 固定权数的平均数指数公式在使用时,数量指标指数和质量指标指数有不同的公式。   (   )

8. 我国的工业生产指数,是通过工业产品的不变价格计算的产值编制的综合指数,可直接进行动态对比。   (   )

9. 股价指数都是通过拉氏综合指数公式编制的。   (   )

10. 我国消费者物价指数的编制,一般采用固定权数的加权算术平均数。   (   )

三、单项选择题(在备选答案中选择一个正确答案)

1. 指数是表明复杂社会经济现象综合变动的(   )。
   A. 绝对数   B. 相对数
   C. 平均数   D. 绝对值

2. 反映社会经济现象总规模和水平变动的指数是(   )。
   A. 质量指标指数   B. 数量指标指数
   C. 平均数指数   D. 综合指数

3. 编制质量指标综合指数的一般原则是采用(   )作同度量因素。
   A. 基期数量指标   B. 基期质量指标
   C. 报告期质量指标   D. 报告期数量指标

4. 某厂 1996 年产值按 90 年价计是 400 万元；2000 年产值按 90 年价计是 800 万元，按 2000 年价计是 900 万元；2002 年产值按 2000 年价计是 1 200 万元，则 1996 年至 2002 年产值的平均增长速度为（　　）。

A. 16.8%　　　　　　　B. 18.3%

C. 17.8%　　　　　　　D. 无法判断

5. 编制平均数指数的基础是（　　）。

A. 数量指数　　　　　B. 质量指数

C. 个体指数　　　　　D. 总指数

6. 美国道·琼斯指数的基本编制方法是（　　）。

A. $\bar{K}_P = \dfrac{\sum P_1 Q_0}{\sum P_0 Q_0}$　　　　B. $\bar{K}_P = \dfrac{\sum P_1 Q_n}{\sum P_0 Q_n}$

C. $\bar{K}_P = \dfrac{\sum P_1}{\sum P_0}$　　　　D. $\bar{K}_P = \dfrac{\sum KW}{\sum W}$

7. 固定权数的平均数指数其权数一般为（　　）。

A. 绝对数　　　　　　B. 相对数

C. 平均数　　　　　　D. 时期数

8. 构成指数体系的必要条件之一是各因素指数（　　）等于总变动指数。

A. 乘积　　　　　　　B. 和

C. 差　　　　　　　　D. 乘或和

9. 产品产量增长 5%，单位成本减少 5%，则总成本（　　）。

A. 下降 0.25%　　　　B. 上升 5%

C. 下降 5%　　　　　D. 上升 0.25%

10. 某地区报告期以同样多的人民币比基期少购 5% 的商品，则该地区价格指数为（　　）。

A. 95%　　　　　　　B. 105%

C. 95.23%　　　　　　D. 105.26%

四、多项选择题(在备选答案中选择二个及以上正确答案)

1. 总指数(　　)。
   A. 是反映复杂社会经济现象综合变动的
   B. 是一种特殊的相对数
   C. 可以用综合指数或平均数指数编制
   D. 是反映个别事物变动的相对数
   E. 只能用综合指数编制

2. 综合指数(　　)。
   A. 是编制总指数的基本形式之一
   B. 是编制总指数的唯一形式
   C. 是由两个总量指标对比而形成的指数
   D. 基本公式有拉氏数量指数公式和派氏质量指数公式
   E. 也可以以个体指数为基础编制

3. 平均数指数(　　)。
   A. 是对个体指数的加权平均
   B. 计算形式有加权算术平均和加权调和平均
   C. 权数有实际总量指标或固定权数
   D. 可以用非全面统计资料计算
   E. 可以作为一种独立的指数形式

4. 某企业三种产品的单位成本指数为101%,其绝对影响为5.3万元,这表明(　　)。
   A. 三种产品单位成本平均增长1%
   B. 由于产品单位成本增长使总成本增长1%
   C. 由于产品单位成本增长使总成本增加5.3万元
   D. 由于产品单位成本增长使每件产品成本增加5.3万元
   E. 报告期总成本比基期总成本多5.3万元

5. 某公司报告期产品销售额为210万元,比基期多10万元,产品出厂价格指数为102%,则下列结果正确的有(　　)。

A. 产品销售额指数为 105%
B. 因产品出厂价格上升使销售额增加 4.12 万元
C. 产品销售量指数为 102.94%
D. 因产品销售量上升而增加的销售额为 5.88 万元
E. 产品销售量指数为 101.33%

五、名词解释

1. 总指数
2. 综合指数
3. 同度量因素
4. 平均数指数
5. 指数体系

六、简答题

1. 统计指数具有哪些特点？
2. 综合指数的特点有哪些？
3. 编制综合指数的一般原则是什么？
4. 平均数指数与综合指数的联系与区别有哪些？
5. 编制平均数指数的统计资料应具备哪些条件？

七、计算题

1. 某厂产品成本资料如下表所示：

产品名称	计量单位	单位成本(元)		报告期产品产量
		基期	报告期	
甲	件	10	9	1 500
乙	米	15	20	2 000
丙	千克	18	20	1 500

试计算：

（1）单位成本个体指数。

（2）单位成本总指数及由于单位成本变动而影响的总成本绝对值。

2. 某商店商品销售量如下表所示：

商品名称	计量单位	商品销售量		基期价格（元）
		基期	报告期	
甲	千克	800	1 000	20
乙	米	200	180	15

试计算：

(1) 商品销售量个体指数。

(2) 商品销售量总指数及由于销售量变动而影响的销售额绝对值。

3. 某企业产品总成本及单位成本资料如下表所示：

产品名称	报告期总成本（万元）	单位成本比基期增长（%）
甲	20	8
乙	50	−1

试计算单位成本总指数。

4. 某企业产品生产情况如下表所示：

产品名称	基期总成本（万元）	报告期产品产量比基期增长（%）
甲	80	5
乙	100	3

试计算产品产量总指数。

5. 某企业两种产品的单位成本及产量资料如下表所示：

产品名称	计量单位	单位成本（元）		产量	
		基期	报告期	基期	报告期
甲	台	500	550	500	510
乙	件	200	190	1 000	1 200

试从相对数和绝对数两方面分析单位成本和产量变动对总成本的影响。

6. 某商店两种商品销售情况如下表所示：

商品名称	销售额(万元)		商品价格个体指数 (%)
	基期	报告期	
甲	70	85	99
乙	82	80	102

试用相对数分析商品价格和销售量变动对销售额的影响。

7. 根据下表所列资料,计算某市副食品物价指数,食品类物价指数和全部零售商品物价指数。

类别和项目	权数	组指数或类指数	类别和项目	权数	组指数或类指数
一、食品类	[61]		6. 水产品	21	140.2
(一)粮食	(25)		7. 调味品	5	98.6
1. 粗粮	98	100.0	8. 食糖	7	100.0
2. 细粮	2	100.0	(三)烟酒茶	(13)	102.3
(二)副食品	(48)		(四)其他食品	(14)	108.1
1. 食用油及油料	6	106.1	二、衣着类	[21]	99.9
2. 食盐	2	100.0	三、日用品类	[10]	100.7
3. 鲜菜	17	96.7	四、文化娱乐用品类	[3]	98.0
4. 干菜	4	101.7	五、医药类	[3]	100.2
5. 肉禽蛋	38	122.7	六、燃料类	[2]	100.0

8. 已知某企业职工工资总额报告期比基期增长10%,职工人数增长5%,则职工平均工资增长多少?

第十一章 统计实务

学习重点

1. 深刻理解统计报表制度的含义,掌握基层表的指标体系内容。了解基层单位统计工作中的基础工作内容,建立、健全原始记录应遵守的原则,掌握统计报表资料的三种汇总方式。

统计报表制度是指以统一的表格形式、统一的指标和内容、统一的报送时间和程序,自下而上定期由企业、行政事业单位向国家履行上报基本统计资料的统计报告制度。统计报表制度由基层表和各专业综合表两部分组成:基层表是以企业、行政事业单位作为基本统计单位,由基层企业、行政事业单位填报基本统计资料的一套统计调查表式。基层表按照国民经济主要行业分为农业、工业、建筑业、交通运输业、批零贸易餐饮业、服务业和行政事业等七种,其指标体系由七个子体系构成;综合表以基层表为基础,按照国民经济宏观调控的要求,采用多种调查和推算的方式由基层单位的上级主管部门和统计部门填报。

基层单位统计工作中的基础工作包括:原始记录、统计台帐和内部统计报表。

原始记录是基层企业、行政事业单位采用一定的表格形式对本单位的生产经营活动具体发生时所作的第一手记录。它是统计报表资料的来源。

统计台帐是根据统计报表的要求,结合基层企业、行政事业单位生产经营管理的需要,用一定的表格形式将分散的原始记录资料按同一内容和时间的先后顺序,系统地登记在一个表册上的,这种表册就是统计台帐。它是介于原始记录和统计报表之间的一种统计资料积累形式。

统计资料的汇总方式取决于各级管理部门对统计资料的要求和统计部门所拥有的工具,统计报表资料汇总有三种汇总方式:逐级汇总、集中汇总、逐级汇总与集中汇总相结合。

2. 掌握基本单位的含义、分类。深刻理解机构单位的含义、应具备的条件、掌握法人单位的具体内容,了解机构单位划分的意义。掌握基本单位调查的内容及其作用。了解统计分类标准化的意义及我国已执行的部分统计分类标准。

基本单位是指基层企业、行政事业单位及其所属的产业活动单位。基本单位按其性质和作用不同分为机构单位和基层单位两种。

机构单位是指拥有资产、承担负债、从事经济活动并能与其他单位进行交易的经济实体。我国的机构单位具体是指独立核算的法人单位,所以又称法人单位,它应同时具备以下三个条件:

第一,依法成立,有自己的名称、组织机构和场所,能够承担民事责任;

第二,独立拥有和使用资产,承担负债,有权与其他单位签订合同;

第三,独立核算盈亏,能够编制资产负债表。

基层单位是指位于一个地点、从事一种或主要从事一种社会经济活动的单位,也称产业活动单位。作为基层单位必须同时满足以下三个条件:

第一,在一个场所,从事一种或主要从事一种社会经济活动;

第二,相对独立组织生产经营或业务活动;

第三,能够掌握收入和支出等核算资料。

基本单位调查的主要内容有反映基本单位的基本信息、主要属性、基本经济活动情况和其他信息。

统计分类标准化是国家对某些重要的、复杂的统计分组体系制定、发布和实施统一的标准,实行标准化管理。

3. 掌握国民经济主要统计指标的含义和计算方法。国民经济主要统计指标分为社会生产与使用统计指标、国民收入与分配统计指标及国民经济效益统计指标三个组成部分。

社会生产与使用统计指标主要是国内生产总值。国内生产总值是一个国家或一个地区所有常住单位在一定时期内生产和提供的社会最终产品的价值。国内生产总值的计算方法有生产法、收入法和支出法三种。

生产法的计算公式为:

$$增加值=总产出-中间投入$$
$$国内生产总值=各部门增加值之和$$

收入法的计算公式为:

$$增加值=固定资产折旧+劳动者报酬+生产税净额+营业盈余$$

支出法的计算公式为:

$$国内生产总值=总消费+总投资+净出口$$

国民收入与分配统计指标有国民生产总值和国民可支配收入。

学 习 难 点

1. 基本单位调查中的机构单位和基层单位的含义及二者的关系,在国民经济核算中的作用。统计分类标准化与一般统计分组的区别及其在国民经济统计中的意义。

2. 国内生产总值是国民经济核心指标,也是本章学习最难的内容,要理解国内生产总值的含义,必须掌握常住单位、社会最终产品等概念,掌握国内生产总值的价值构成。

练 习 题

一、填空题

1. 统计报表制度由_____和各专业_____两部分组成。
2. 基本单位按其性质和作用不同分为_____和_____两种。
3. 统计分类标准化与一般的统计分组体系比较,其特点在于_____、_____和_____。
4. 国内生产总值是一个国家或一个地区所有_____,在一定时期内生产和提供的_____的价值。
5. 净出口是指货物和服务_____价值减去_____价值的差额。

二、判断题

1. 统计报表是所有国家政府为取得国民经济基本统计资料而采用的统计调查组织方式。（　　）
2. 统计报表资料来源于基层企业、行政事业单位的原始记录。（　　）
3. 统计报表资料的汇总方式与统计部门所拥有的工具有直接关系。（　　）
4. 我国的机构单位可以归并为企业法人部门、事业单位法人等。（　　）
5. 基层单位与机构单位之间存在着一种隶属关系,一个基层单位可以包含多个机构单位。（　　）
6. 运用基本单位统计来检验其他统计调查的数据质量,是因为总量指标稳定性差,平均数稳定性较好。（　　）

7. 工业企业生产规模划分都是以企业生产用固定资产原值作为划分依据的。（　　）

8. 最终产品是可供社会最终使用的产品价值,因此不可能包含企业期末半成品价值。（　　）

9. 固定资产折旧是物耗转移,属于生产单位的中间投入。（　　）

10. 国民生产总值反映了国民收入初次分配的结果。（　　）

三、单项选择题(在备选答案中选择一个正确答案)

1. 基层单位的上级主管部门填报的是（　　）。
   A. 国家统计报表　　　　B. 地方统计报表
   C. 基层统计报表　　　　D. 综合统计报表

2. 在手工汇总条件下,统计报表资料的汇总主要采用的形式是（　　）。
   A. 逐级汇总　　　　　　B. 集中汇总
   C. 先逐级汇总再集中汇总　D. 先集中汇总再逐级汇总

3. 经各级民政部门核准登记注册的是（　　）。
   A. 企业法人　　　　　　B. 社团法人
   C. 其他法人　　　　　　D. 机关法人

4. 我国基本单位调查的范围包括（　　）。
   A. 法人单位　　　　　　B. 住户
   C. 农户　　　　　　　　D. 个体经济

5. 《关于经济类型划分的暂行规定》的内容是指（　　）。
   A. 经各级编制机关或各级主管部门批准成立的具有法人资格的事业单位
   B. 经各级人民代表大会批准成立的机关
   C. 工商行政管理机关核准、登记注册的企业
   D. 其他符合法人条件的单位

6. 下列不属于国内生产总值的计算方法是（　　）。

A. 生产法　　　　　　　　B. 工厂法
C. 收入法　　　　　　　　D. 支出法

7. 下列不属于劳动者报酬的是（　　）。
A. 困难补助　　　　　　　B. 误餐补助
C. 价格补贴　　　　　　　D. 加班工资

8. 总产出的计算价格是（　　）。
A. 购买者价格　　　　　　B. 消费价格
C. 生产者价格　　　　　　D. 批发价格

9. 生产税净额中的税收不包括（　　）。
A. 增值税　　　　　　　　B. 所得税
C. 营业税　　　　　　　　D. 消费税

10. 经常转移收入是指（　　）。
A. 国民收入的原始分配　　B. 国民收入的再分配
C. 来自国外的要素收入　　D. 支付给国外的要素收入

四、多项选择题(在备选答案中选择二个及以上正确答案)

1. 基层单位统计工作中的基础工作有（　　）。
A. 原始记录　　　　　　　B. 统计台帐
C. 内部统计报表　　　　　D. 对外统计报表
E. 按时上报统计报表

2. 法人一般包括（　　）。
A. 企业法人　　　　　　　B. 财团法人
C. 事业法人　　　　　　　D. 机关法人
E. 其他法人

3. 统计分类标准化的特点是（　　）。
A. 统一性　　　　　　　　B. 准确性
C. 及时性　　　　　　　　D. 稳定性
E. 强制性

4. 总产出的计算方法有（　　）。

A. 生产者价格 B. 工厂法
C. 产品法 D. 按营业收入计算
E. 按支出费用计算

5. 增加值的计算方法有（　　）。
A. 工厂法 B. 产品法
C. 生产法 D. 收入法
E. 支出法

五、名词解释
1. 原始记录 2. 机构单位
3. 统计分类标准化 4. 常住单位
5. 总消费

六、简答题
1. 统计报表资料集中汇总的优缺点有哪些？
2. 什么是基层单位？它应具备哪些条件？
3. 基本单位调查的主要内容有哪些？
4. 什么是中间消耗？它应具备哪些条件？
5. 什么是国民生产总值？其计算公式是怎样的？

七、计算题
1. 某企业某年生产情况如下：期初半成品、在制品 20 万元；本年生产成品 600 万元，生产半成品 400 万元；在制造成品过程中消耗半成品 350 万元，期末在制品 10 万元；本年对外工业性作业价值完成 10 万元。试计算该企业该年工业总产值。

2. 某商场 3 月份销售商品 100 万元，按买价计算为 65 万元，流通费用 20 万元，其中运杂费 2 万元，上缴税金 5 万元，利润 10 万元。试以两种方法计算商业总产值。

3. 某地区某年各行业生产情况如下：
（1）工业总产值 300 亿元，中间投入 180 亿元。
（2）农业总产值 200 亿元，中间投入 120 亿元。

(3) 建筑业总产值 250 亿元,中间投入 180 亿元。

(4) 运输业、邮电业总产值 100 亿元,中间投入 60 亿元。

(5) 批发零售贸易业总产值 200 亿元,中间投入 100 亿元。

(6) 餐饮业总产值 50 亿元,中间投入 30 亿元。

(7) 盈利性服务部门总产出 50 亿元,中间投入 20 亿元。

(8) 非盈利性服务部门经常性费用支出 100 亿元,固定折旧按费用总额的 10% 计算,中间投入按费用总额的 20% 计算。

(9) 该地区本年劳动报酬总额 200 亿元,固定资产折旧 150 亿元,上缴生产税 120 亿元,国家补贴 20 亿元,营业盈余 100 亿元。试按生产法和收入法计算国内生产总值。

4. 某地区社会生产和使用情况如下表所示:

单位:亿元

生　　产		使　　用	
总产出	1 000	总消费	( )
中间消耗	550	居民消费	220
固定资产折旧	120	社会消费	60
劳动者报酬	180	总投资	100
生产税净额	( )	固定资产投资	60
生产税	80	库存增加	40
补　贴	30	净出口	( )
营业盈余	100	出口	180
		进口	100

要求:

(1) 填上表空格。

(2) 用三种方法计算国内生产总值。

5. 某地区报告期资料如下:

(1) 固定资产折旧 30 亿元。

(2) 来自国外的要素净收入 −0.8 亿元。

(3) 总消费 400 亿元。

(4) 总投资 180 亿元。

(5) 净出口 8 亿元。

(6) 来自国外的转移净收入 1 亿元。

试计算：

(1) 国内生产总值、国民生产总值、国民可支配总收入。

(2) 国内生产净值、国民生产净值、国民可支配净收入。

6. 某地区基期国内生产总值 500 亿元，固定资产投资完成额 200 亿元，报告期国内生产总值增长 8%，固定资产投资完成额增长 10%，试计算该地区报告期固定资产投资效果系数。

7. 某地区报告期劳动者报酬 200 亿元，固定资产折旧 150 亿元，生产税净额 120 亿元，营业盈余 180 亿元，社会总成本 650 亿元。

试计算社会总成本增加值率和社会总成本利税率。

模拟试题(一)

一、单项选择题(在备选答案中选出一个正确答案填在题后的括号内,每题1分,共10分)

1. 下面调查中属于经常性调查的是(　　)。
   A. 10年一次的人口普查
   B. 按月统计的钢产量调查
   C. 1998年大学毕业生分配去向
   D. 近10年利用外资情况

2. 报告期粮食总产量比基期增长了10%,粮食播种面积增长了2%,则粮食作物单位面积产量报告期比基期增长了(　　)。
   A. 10%   B. 2%
   C. 7.84%   D. 12%

3. 统计总体的特点是(　　)。
   A. 大量性、同质性、差异性   B. 大量性、同质性、抽象性
   C. 大量性、同质性、数量性   D. 社会性、同质性、数量性

4. 统计中的复回归是指(　　)。
   A. 一个自变量多个因变量之间的回归
   B. 多个自变量多个因变量之间的回归
   C. 一个因变量多个自变量之间的回归
   D. 一个因变量一个自变量之间的回归

5. 平均指标反映了(　　)。
   A. 总体次数分布的集中趋势   B. 总体分布的离中趋势
   C. 总体分布的特征   D. 总体单位的集中趋势

6. 下列各项中属于时期指标的是（　　）。
   A. 某地区年末人口数
   B. 某企业工资总额
   C. 某月产品库存量
   D. 某企业某年设备拥有数量

7. 某班级有50名学生，其统计学考试的及格者占$\frac{4}{5}$，则该班学生统计学考试及格的成数方差为（　　）。
   A. 0.4　　　　　　　　B. 0.25
   C. 0.16　　　　　　　 D. 0.80

8. 某月发展水平除以上月发展水平所得的指标是（　　）。
   A. 平均发展速度　　　　B. 平均增长速度
   C. 环比发展速度　　　　D. 定基发展速度

9. 计算平均发展速度，一般采用（　　）。
   A. 算术平均法　　　　　B. 序时平均法
   C. 调和平均法　　　　　D. 几何平均法

10. 在指数编制中，同度量因素的使用时期是（　　）。
    A. 基期　　　　　　　　B. 报告期
    C. 同一时期　　　　　　D. 任一时期

二、多项选择题（在备选答案中选出二个及以上正确答案填在题后的括号内，每题2分，共10分）

1. 下列各项中按数量标志分组的有（　　）。
   A. 人口按年龄分组　　　B. 企业按产值分组
   C. 家庭按月收入分组　　E. 产品按合格不合格分组
   E. 人口按性别分组

2. 由两个时期指标数列(a,b)相对比所形成的相对数时间数列(c)计算序时平均数$(\bar{c})$的公式为（　　）。
   A. $\bar{c}=\bar{a}/\bar{b}$　　　　　　　　B. $\bar{c}=\dfrac{\sum a}{\sum b}$

C. $\bar{c}=\dfrac{\sum bc}{\sum b}$ D. $\bar{c}=\dfrac{\sum b}{\sum bc}$

E. $\bar{c}=\dfrac{\sum a}{\sum \dfrac{1}{c}a}$

3. 平均数与标准差系数的关系是（　　）。

A. 标准差系数愈大,平均数代表性愈小

B. 标准差系数愈大,平均数代表性愈大

C. 标准差系数愈小,平均数代表性愈大

D. 标准差系数愈小,平均数代表性愈小

E. 无法确定

4. 在统计普查中,（　　）。

A. 普查必须有标准时点　　B. 普查是一次性全面调查

C. 每一普查只能有一个标准时点

D. 普查不一定有标准时点

E. 一次普查可有多个标准时点

5. 下列各项中,反映相关程度的有（　　）。

A. 完全相关　　　　　　　B. 高度相关

C. 单相关　　　　　　　　D. 复相关

E. 不相关

三、填空题(每一空格2分,共10分)

1. 调查表有两种形式：一种是单一表；另一种是_____。

2. 总体单位是总体的组成部分,也是_____承担者。

3. 当 $f_1=f_2=\cdots=f_n=A$ 时, $\bar{x}=\dfrac{\sum xf}{\sum f}=$ _____。

4. 抽样平均误差大小与样本容量的大小成_____关系。

5. 统计调查按组织形式不同分为_____。

四、简答题(每题10分,共20分)

1. 统计是通过指标达到对总体的认识的,试从这一角度说明总体、总体单位、标志、指标之间的关系。

2. 什么是抽样误差？试从误差角度说明抽样调查和全面调查的优缺点。

五、计算题(共 50 分)

1. 已知下列分配数列：

| 变量值(x) | 10 | 12 | 14 | 18 | 20 |
| 次数 (f) | 3 | 5 | 4 | 7 | 2 |

要求：

(1) 计算加权算术平均数。(5 分)

(2) 计算加权调和平均数。(5 分)

(3) 计算标准差。　　　(5 分)

2. 某企业 1995 年的利润为 10 万元,1996 年比 1995 年增长 30%,1997 年比 1996 年增长 40%,1998 年比 1997 年增长 20%,1999 年利润为 30 万元,2000 年利润为 50 万元。

要求：

(1) 计算各年的环比发展速度。(3 分)

(2) 计算 1995～2000 年利润的平均增长速度。(4 分)

(3) 计算 1995～2000 年平均每年的利润。(3 分)

3. 某企业生产甲、乙两种产品,其有关资料如下表所示：

产品	产值(万元)		2001 年产量比 2002 年增长(%)
	2001 年	2002 年	
甲	200	250	20
乙	400	450	10

要求：

(1) 计算产量总指数。(7 分)

(2) 分析由于产量增长而增加的产值。(3 分)

4. 电视台对某档节目的收视率进行调查的结果是,在抽取的 400 名观众中,收看该档节目的观众为 200 人。试以 95.45% 概率

估计该档节目收视率范围。(7分)

5. x、y 两变量的数值如下：

x	3	5	2	4	6	7	8	9
y	20	10	15	25	35	30	40	45

要求：

计算相关系数 r。(8分)

模拟试题(二)

一、单项选择题(在备选答案中选出一个正确答案填在题后的括号内,每题2分,共10分)

1. 某数列两个极端数值之差是( )。
   A. 平均差　　　　　　B. 全距
   C. 组距　　　　　　　D. 标准差

2. 统计调查表可以分为( )。
   A. 简单表和复合表　　B. 简单表和一览表
   C. 单一表和一览表　　D. 简单表和分组表

3. 某企业某产品的单位成本逐年下降,已知从1997年到2002年间总的降低了60%,则平均每年的降低速度为( )。

   A. $\frac{60\%}{5}=12\%$　　　B. $\frac{100\%-60\%}{5}=8\%$

   C. $\sqrt[5]{60\%}=90.3\%$

   D. $100\%-\sqrt[5]{100\%-60\%}=16.7\%$

4. 根据指数所包括的范围不同,分为( )。
   A. 综合指数和平均指数
   B. 个体指数和总指数
   C. 定基指数和环比指数
   D. 质量指标指数和数量指标指数

5. 两变量具有线性相关,其相关系数 $r=-0.9$,则两变量之间( )。
   A. 强相关　　　　　　B. 弱相关

C. 不相关　　　　　　　　D. 负的弱相关关系

二、多项选择题(在备选答案中选出二个及以上正确答案填在题后的括号内,每题 2 分,共 10 分)

1. 下列属于平均指标的有(　　)。
   A. 平均每个职工的月工资为 1 000 元
   B. 平均每平方公里的人口数为 10 000 人
   C. 平均每人的粮食产量为 100 千克
   D. 平均每人考试成绩为 75 分
   E. 平均每人国内生产总值为 3 000 美元

2. 在直线回归方程 $y_c=a+bx$ 中,b 表示(　　)。
   A. 两变量之间的相关程度
   B. 回归系数
   C. 两变量之间的变动比例
   D. 和相关系数 r 意义相同
   E. 在数学上称为斜率

3. 下列统计指标中,是质量指标的有(　　)。
   A. 工业总产值　　　　　B. 单位产品成本
   C. 工资总额　　　　　　D. 人口密度
   E. 产品合格率

4. 拉氏的综合指数的公式是(　　)。
   A. $\overline{K_Q}=\dfrac{\sum Q_1 P_0}{\sum Q_0 P_0}$　　　　B. $\overline{K_Q}=\dfrac{\sum Q_1 P_1}{\sum Q_0 P_1}$
   C. $\overline{K_P}=\dfrac{\sum P_1 Q_1}{\sum P_0 Q_1}$　　　　D. $\overline{K_P}=\dfrac{\sum P_1 Q_0}{\sum P_0 Q_0}$
   E. $\overline{K_{PQ}}=\dfrac{\sum P_1 Q_1}{\sum P_0 Q_0}$

5. 抽样调查和其他非全面调查的主要区别是(　　)。
   A. 选择调查单位的原则不同
   B. 调查目的不同

C. 调查单位多少不同
D. 在能否计算和控制误差上不同
E. 调查的组织方式不同

三、判断题(对的在括号内打'√',错的打'×',每题2分,共10分)

1. 一个总体单位可以有许多指标。　　　　　　　　( )
2. 在相关分析中,变量 x 与变量 y 的关系是对等的。( )
3. 若某商品报告期的销售量和基期销售量一致,则该商品的销售量指数为100%。　　　　　　　　　　　　　　( )
4. 统计指标体系就是将若干个统计指标组合在一起。( )
5. 某厂第一季度各月的平均职工人数分别为201人、210人、204人,则该厂第一季度平均每月职工人数为:

$$\frac{201+210+204}{3}=205(人)$$　　( )

四、名词解释(每题4分,共16分)

1. 指标
2. 统计分组
3. 重点单位
4. 发展速度

五、简答题(每题5分,共10分)

1. 同度量因素有什么作用?
2. 为什么说抽样法是科学的统计调查和分析方法?

六、计算题(共44分)

1. 某企业第三季度各月总产值和职工人数资料如下表所示:

月　　份	6	7	8	9
总产值(万元)	120	125	130	135
月末职工人数(人)	600	620	630	640

计算第三季度平均每月平均每人产值。(10分)

2. 某商场销售的甲、乙两商品的销售量及价格资料如下表所示：

商品名称	计量单位	销售量		价格（元）	
		基 期	报告期	基 期	报告期
甲	千克	2 000	2 800	4.0	3.80
乙	袋	3 000	3 500	2.0	2.10

要求：

(1) 计算甲商品的销售量指数。(4分)

(2) 计算甲、乙两商品的销售量总指数。(6分)

3. 根据以往的调查可知，某产品的重量的标准差不超过1.5克，若要求抽样极限误差不超过0.2克，在95%的可信程度下应抽取多少单位数？(10分)

4. 某生产车间工人日产量资料如下表所示：

日产量分组（件）	占总人数比重（%）
20~30	10
30~40	25
40~50	60
50~60	5

要求：

(1) 计算工人平均日产量。(7分)

(2) 计算工人日产量标准差。(7分)

第二部分

参考答案

第一章 绪 论

一、填空题

1. 统计资料 统计学
2. 国势学派 数理统计学派
3. 大量性 同质性 差异性
4. 现象总体数量 方法论
5. 连续 离散
6. 总体 总体单位
7. 时点 时期 实物 价值 数量 质量
8. 相互联系 相互制约 相互补充 全方位多侧面
9. 宏观指标体系 微观指标体系
10. 研究目的不同

二、判断题

1. × 2. × 3. × 4. × 5. × 6. √ 7. × 8. × 9. × 10. √ 11. × 12. √ 13. × 14. × 15. ×

三、单项选择题

1. C 2. B 3. D 4. B 5. D 6. B 7. A 8. C 9. A 10. C 11. B 12. A

四、多项选择题

1. ACD 2. ACD 3. CE 4. ABCD 5. ACD 6. BD 7. AC 8. BD 9. ABC 10. ABCDE

五、名词解释

1. 统计总体是指客观存在的、在同一性质基础上结合起来的许多单位的整体。

2. 品质标志是以事物属性上的差别来表示。

3. 连续变量是指变量的取值是连续不断的,相邻两值之间可作无限分割。

4. 大量观察法是指对要研究的事物的全部或足够多的数量进行观察的方法。

5. 指标体系是指一系列相互联系、相互制约、相互补充的指标组合成的整体。

六、简答题

1. 统计的三种涵义是指统计工作、统计资料及统计学。统计工作是统计的实践活动,统计资料是统计工作的成果,统计学是统计实践活动的科学总结,反过来又指导统计实践。

2. 一个科学的统计指标的设置,必须遵循两个基本原则:

(1) 一个指标要有科学的名称,即指标的质的规定性必须能反映一定的社会经济范畴,符合该指标有关的社会经济科学概念。

(2) 一个指标要有科学的计算方法,即指标的计算方法能够正确反映社会经济现象的本质特征并与相应的社会经济概念一致。

3. (1) 指标与标志的区别:

① 指标是说明总体特征的,标志是说明总体单位特征的;

② 标志有不能用数值表示的品质标志,而指标都是用数值表示的。

(2) 指标与标志的联系:

① 指标数值均是由总体单位的数量标志值汇总而来的;

② 随着研究目的的变化,总体和总体单位发生相互转化,由此,指标和标志也会发生相应的相互转化。

4. 统计指标可以按其研究的目的从不同角度进行分类:按指标反映的时间特点不同,分为时点指标和时期指标;按指标计量单位的不同,分为实物指标和价值指标;按指标反映总体特征的不同,分为数量指标和质量指标。

5. 变量是指可变的数量标志,变量的具体表现称为变量值,也就是标志值。

6. 统计学的研究对象是社会经济现象、自然现象总体的数量方面。其特点:一是适用的对象极为广泛;二是研究的重心集中突出。

第二章　统计资料的搜集和整理

一、填空题

1. 原始资料　次级资料
2. 重点单位　随机　部分单位　样本指标　总体指标
3. 逻辑检查　计算检查
4. 单项数列　组距数列
5. 主词　宾词
6. 统计报表　专门调查
7. 标志表现形成的组　次数
8. 直方图　折线图　曲线图

二、判断题

1. ×　2. √　3. ×　4. ×　5. √　6. ×　7. ×　8. ×　9. √　10. ×　11. ×　12. ×　13. √　14. ×　15. √

三、单项选择题

1. B　2. B　3. A　4. D　5. C　6. D　7. B　8. D　9. C　10. C　11. D　12. A

四、多项选择题

1. ACE　2. ABCD　3. CDE　4. ADE　5. BC

6. ABCD 7. ABCDE 8. ABCD

五、名词解释

1. 普查是专门组织的一次性全面调查。

2. 调查对象是根据统计研究目的确定的,需要研究其本质特征和发展变化规律的统计总体。

3. 分配数列是指在统计分组的基础上,将总体的所有单位按组归类整理,并按一定顺序排列,形成总体单位在各组的分配的数列。

4. 统计表是用于将统计工作过程中取得的各种数字资料,经过汇总整理后,按一定的项目和顺序填列的表格。

5. 统计图是用几何图形、物体形象或地图来显示统计资料以说明现象的数量关系的图形。

六、简答题

1. 一个完整的统计调查方案包括以下几个方面:

(1) 确定调查目的,即明确统计研究活动所要解决的问题或所要达到的目的。

(2) 确定调查对象和调查单位。

(3) 确定调查项目和调查表,调查表一般有两种格式:单一表和一览表。

(4) 确定调查时间,包括资料所属的时点或时期和统计调查工作的期限。

(5) 调查的组织实施。

2. 专门调查是为了研究某些专门问题而专门组织的调查。专门调查可以分为:

(1) 普查,指专门组织的一次性全面调查。

(2) 重点调查,指对总体中重点单位所进行的调查。

(3) 抽样调查,指按照随机原则在总体中抽取部分单位组成样本加以研究,并以样本指标推算总体指标的一种资料搜集的方式。

3. 统计资料整理包括：

(1) 拟定整理纲要，其内容有确定统计分组方案和要汇总的统计指标，编制统计汇总表和综合表及其相应的填报说明，确定资料的汇总形式、汇总的组织工作及相应的时间进度安排，确定资料审查的内容与方法，确定与历史资料的衔接方法。

(2) 对搜集到的原始资料进行审查，包括完整性审查和准确性审查。

(3) 对资料进行分类汇总。

(4) 编制统计表。

4. 组距数列是指各组的名称都是由两个变量值所构成的区间所表示的变量数列，编制组距数列应注意以下几个基本要素：

(1) 确定全距：全距是指总体中某一数量标志的最大值与最小值之差。

(2) 确定组数。

(3) 确定组距，组距指各组中最大标志值与最小标志值之差。

(4) 确定组限，组限指限定各组组距的数值。

(5) 计算组中值，组中值是上限到下限之间的中点数值，是各组的代表值。

5. 统计表从形式上看由总标题、横行标题、纵栏标题以及数字资料所组成。

统计表的内容由主词和宾词两部分组成，主词是统计表所要说明的对象，宾词是用来说明主词的各种统计指标。

6. 统计分组是根据统计研究目的，将总体按一定标志区分为不同类型或不同性质的组，使组间有差别、组内具有相对同质性。其作用是：

(1) 划分现象类型，反映各类型组的数量特征。

（2）说明现象的内部结构。

（3）揭示现象间相互依存关系。

7. 统计图是用几何图形、物体形象或地图来表示统计资料以说明现象的数量关系的图形。统计图中使用最多的为频数图，频数图中最常用的有直方图、折线图和曲线图。

七、计算题

1. 解：

（1）该数列是等距式变量数列。

（2）变量是日产量，变量值是50～100，下限是50、60、70、80、90，上限是60、70、80、90、100，次数是6、12、18、10、7。

（3）组距是10，组中值分别是55、65、75、85、95，频率分别是11.32%、22.64%、33.96%、18.87%、13.21%。

其分布形态属于单峰分布。

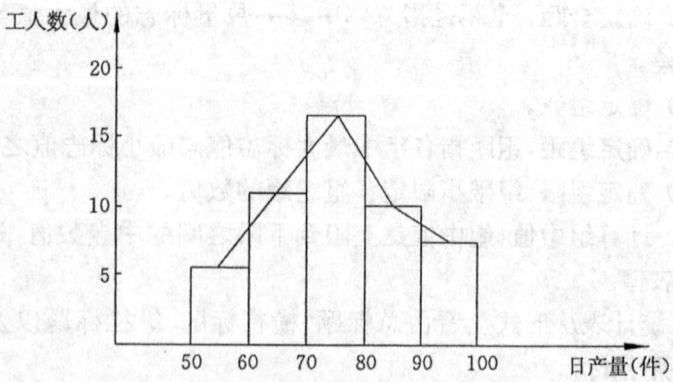

2. 解：

（1）$R=$最大值－最小值$=988-550=438$

（2）$n=1+3.322\lg N=1+3.322\times\lg 50\approx 7$

（3）$i=\dfrac{R}{n}=\dfrac{438}{7}=63.6$ 取 65

（4）①最小值作第一组下限，分组结果如下表所示：

月工资分组(元/人)	职工人数(人)	各组人数比重(%)
550~615	5	10
615~680	5	10
680~745	8	16
745~810	12	24
810~875	8	16
875~940	8	16
940~1 005	4	8
合　　计	50	100

② 最小值作第一组组中值,分组结果如下表所示:

月工资分组(元/人)	职工人数(人)	各组人数比重(%)
517.5~582.5	4	8
582.5~647.5	3	6
647.5~712.5	7	14
712.5~777.5	5	10
777.5~842.5	17	34
842.5~907.5	9	18
907.5 以上	5	10
合　　计	50	100

3. 解:编制统计表如下表所示:

按商场计划完成程度分组(%)	商场数(个)	实际销售额(万元)	计划销售额(万元)
90～100	6	2 954	3 185
100～110	9	5 380	5 278
110～120	3	4 570	3 969
合　　计	18	12 904	12 432

第三章　集中趋势和离散趋势

一、填空题
1. 集中趋势
2. 标志变异指标
3. 标志总量　总体单位数
4. 变量值(标志值)　倒数
5. 平均比率　平均发展速度
6. 众数
7. 右偏
8. 左偏
9. 最大变量值　最小变量值
10. 左偏

二、判断题
1. ×　2. ×　3. √　4. √　5. ×　6. ×　7. √　8. ×　9. √　10. ×　11. ×　12. ×

三、单项选择题
1. A　2. B　3. C　4. C　5. B　6. C　7. C　8. D　9. B　10. A　11. C　12. A　13. B

四、多项选择题

1. ABCDE 2. AC 3. CDE 4. BCD 5. ABD
6. ABCE 7. AC

五、名词解释

1. 调和平均数是根据变量值的倒数所计算算术平均数的倒数。

2. 几何平均数是通过若干个变量值的连乘积,并用其项数开方所计算的平均数。

3. 全距是某数量标志的最大值和最小值之差。

4. 标准差系数是某一总体的标准差和平均数之比。

5. 平均差是各标志值与其算术平均数离差的绝对值的平均数。

六、简答题

1. 平均数是用某一特定方法所计算的一组数列的代表值。利用平均数不但可以反映变量值分布的集中趋势,也可用来进行同类现象在不同空间,不同时间的对比分析。平均数的特点表现为:第一,在一个总体内计算的平均数,将总体各单位某一数量标志值之间的差异抽象化了;第二,平均数用一个代表值来说明被研究现象的一般水平。

2. 在变量数列中,变量值所出现的次数称为权数。在加权算术平均数中,权数愈大,其对应的变量值对平均数的影响愈大;反之,则小。权数起着对平均数大小权衡轻重的作用。

3. 在计算算术平均数时,分子分母必须同属一个总体,且分子标志值个数和分母总体单位数一一对应。而强度相对数是两个不同总体的有联系的指标之比。

4. 统计学常用的标志变异指标主要有全距、平均差、标准差及标准差系数。

5. 因为平均数在反映变量值分布集中趋势的同时,将变量值之间的差异抽象化了。而标志变异指标恰好说明标志值（变量值）之间的差异，两者结合更能全面地反映被研究现象的数量特征。通过计算标志变异指标，反映平均数对总体代表性的强弱。

6. 标准差系数是某一总体的标准差和其平均数相比。计算标准差系数的目的在于比较不同总体（由于平均数不同或计量单位不同）的平均数的代表性。

7. 算术平均数的数学性质主要有两条：一是各标志值与其算术平均数的离差之和等于零，即 $\sum(x-\bar{x})=0$；二是各标志值与其算术平均数的离差平方之和为最小值，即 $\sum(x-\bar{x})^2=$ 最小值。

8. (1) 加权调和平均数与加权算术平均数的权数所代表的内容有所不同。加权算术平均数用变量值的次数（f）作为权数，加权调和平均数用变量值与次数之积（$x \cdot f$）作为权数。当 $m = x \cdot f$ 时，加权调和平均数和加权算术平均数是一致的，即

$$\bar{X}_H = \frac{\sum m}{\sum \frac{m}{x}} \xrightarrow{m = x \cdot f} = \bar{x} = \frac{\sum xf}{\sum f}$$

(2) 当已知变量数列中各组的变量值（x）和变量值所出现的次数（f）时，运用加权算术平均数。

当已知变量数列中各组的变量值（x）及各变量值与其次数之积（$m = x \cdot f$）时，运用加权调和平均数。

9. 加权算术平均数是计算现象总体平均水平的基本方法。当各组变量值所出现的次数即权数相同时，应用加权算术平均数和简单算术平均数计算的结果是相同的，即当权数相同时，加权算术平均数就简化为简单算术平均数。因而，简单算术平均数是加权算术平均数的特例。

10. 试证：

$$\sigma = \sqrt{\frac{\sum(x-\bar{x})^2}{n}} = \sqrt{\frac{\sum[x^2 - 2x \cdot \bar{x} + (\bar{x})^2]}{n}}$$

$$= \sqrt{\frac{\sum x^2}{n} - \frac{2\bar{x}\sum x}{n} + (\bar{x})^2} = \sqrt{\frac{\sum x^2}{n} - 2\bar{x} \cdot \bar{x} + (\bar{x})^2}$$

$$=\sqrt{\frac{\sum x^2}{n}-(\bar{x})^2}=\sqrt{\overline{x^2}-(\bar{x})^2}$$

七、计算题

1. 解:

按成绩分组	人数(f)	组中值(x)	$x \cdot f$	$f/\sum f$	$x \cdot \dfrac{f}{\sum f}$
50 以下	6	45	270	0.03	1.35
50～60	12	55	660	0.06	3.3
60～70	50	65	3 250	0.25	16.25
70～80	80	75	6 000	0.40	30
80～90	40	85	3 400	0.20	17
90～100	12	95	1 140	0.06	5.7
合　　计	200	—	14 720	—	73.6

用频数为权数:

$$\bar{x}=\frac{\sum xf}{\sum f}=\frac{14\,720}{200}=73.6(\text{分}/\text{人})$$

用频率为权数:

$$\bar{x}=\sum x \cdot \frac{f}{\sum f}=73.6(\text{分}/\text{人})$$

2. 解:

企业名称	完成计划(%)(x)	计划产量(f)	实际产量($x \cdot f$)
甲	102	400	408
乙	100	300	300
丙	95	300	285
合　　计	—	1 000	993

产量平均计划完成程度:$\bar{x}=\dfrac{\sum xf}{\sum f}=\dfrac{993}{1\,000}=99.3\%$

3. 解:

(1) 已知 12 月份总成本为 15 000 元,则

$$12\text{月份产量} = \frac{\text{总成本}}{\text{单位成本}} = \frac{15\,000}{15} = 1\,000(\text{件})$$

第四季度总产量为：$\frac{1\,000}{50\%} = 2\,000(\text{件})$

10 月份产量为：$2\,000 \times 20\% = 400(\text{件})$

11 月份产量为：$2\,000 \times 30\% = 600(\text{件})$

（2）列表计算如下：

月 份	单位成本(x)	产 量(f)	总成本($x \cdot f$)
10 月	35	400	14 000
11 月	20	600	12 000
12 月	15	1 000	15 000
合 计	—	2 000	41 000

平均单位成本：$\bar{x} = \frac{\sum xf}{\sum f} = \frac{41\,000}{2\,000} = 20.5(\text{元/件})$

4. 解：

商品等级	单价(x)	销售额(m)	销售量$\left(\frac{m}{x}\right)$
一级	20	21 600	1 080
二级	18	22 680	1 260
三级	16	7 200	450
合 计	—	51 480	2 790

商品平均销售价格：$\bar{x} = \frac{\sum m}{\sum \frac{m}{x}} = \frac{51\,480}{2\,790} = 18.45(\text{元/千克})$

5. 解：

按单利计算的平均年利率：

$$\bar{x} = \frac{7\% + 5\% + 4\% + 3\% + 2\%}{5} = 4.2\%$$

按复利计算的平均年利率:

$$\bar{x} = \sqrt[5]{(1+7\%)(1+5\%)(1+4\%)(1+3\%)(1+2\%)} - 1$$

$$= 1.0419 - 1 = 0.0419 = 4.19\%$$

6. 解: 甲单位资料列表计算如下:

月工资	人数(f)	组中值(x)	$x \cdot f$	$x - \bar{x}$	$(x-\bar{x})^2$	$(x-\bar{x})^2 f$
400 以下	4	300	1 200	−511.61	261 744.79	1 046 979.17
400～600	25	500	12 500	−311.61	97 100.79	2 427 519.80
600～800	84	700	58 800	−111.61	12 456.79	1 046 370.54
800～1 000	126	900	113 400	88.39	7 812.79	984 411.80
1 000 以上	28	1 100	30 800	288.39	83 168.79	2 328 726.18
合　　计	267	—	216 700	—	—	7 834 007.49

$$\bar{x}_{甲} = \frac{\sum xf}{\sum f} = \frac{216\ 700}{267} = 811.61 (元/人)$$

$$\sigma_{甲} = \sqrt{\frac{\sum(x-\bar{x})^2 f}{\sum f}} = \sqrt{\frac{7\ 834\ 007.49}{267}} = 171.29 (元/人)$$

$$V\sigma_{甲} = \frac{\sigma_{甲}}{\bar{x}_{甲}} = \frac{171.29}{811.61} = 21.10\%$$

乙单位资料列表计算如下:

月工资	人数比重$\left(\frac{f}{\sum f}\right)$	组中值(x)	$x \cdot \frac{f}{\sum f}$	$x - \bar{x}$	$(x-\bar{x})^2$	$(x-\bar{x})^2 \cdot \frac{f}{\sum f}$
400 以下	0.02	300	6	−532	283 024	5 660.48
400～600	0.08	500	40	−332	110 224	8 817.92
600～800	0.30	700	210	−132	17 424	5 227.20
800～1 000	0.42	900	378	68	4 624	1 942.08
1 000 以上	0.18	1 100	198	268	71 824	12 928.32
合　　计	1.00	—	832	—	—	34 576.00

$$\bar{x}_乙 = \sum x \cdot \frac{f}{\sum f} = 832(元/人)$$

$$\sigma_乙 = \sqrt{\sum (x-\bar{x})^2 \cdot \frac{f}{\sum f}} = \sqrt{34\,576} = 185.95(元/人)$$

$$V\sigma_乙 = \frac{\sigma_乙}{\bar{x}_乙} = \frac{185.95}{832} = 22.35\%$$

由以上计算可得：

(1) 由于 $\bar{x}_乙 > \bar{x}_甲$，所以乙单位的平均工资高于甲单位的平均工资；

(2) 由于 $V\sigma_乙 > V\sigma_甲$，所以甲单位的平均工资更具有代表性。

7. 解：

$$\bar{x} = \frac{\bar{x}_甲 f_甲 + \bar{x}_乙 f_乙}{\sum f} = \frac{75 \times 45 + 78 \times 40}{45 + 40} = \frac{6\,495}{85} = 76.41(分)$$

8. 解：

(1) 已知 $\bar{x} = 600, V\sigma = 25\%$，求 σ：

由 $V\sigma = \frac{\sigma}{\bar{x}}$，得 $\sigma = \bar{x} \cdot V\sigma = 600 \times 25\% = 150$

(2) 已知 $\bar{x} = 20, \overline{x^2} = 450$，求 $V\sigma$：

$$\sigma = \sqrt{\overline{x^2} - (\bar{x})^2} = \sqrt{450 - 20^2} = \sqrt{450 - 400} = 7.07$$

$$V\sigma = \frac{\sigma}{\bar{x}} = \frac{7.07}{20} = 35.35\%$$

(3) 已知 $\sigma^2 = 36, \overline{x^2} = 360$，求 $\bar{x}$：

由 $\sigma = \sqrt{\overline{x^2} - (\bar{x})^2}$，得 $\bar{x} = \sqrt{\overline{x^2} - \sigma^2} = \sqrt{360 - 36} = 18$

(4) 已知 $\overline{x^2} = 174, V\sigma = 17.2\%$，求 $\bar{x}$：

由 $V\sigma = \frac{\sigma}{\bar{x}}$，得 $\sigma = \bar{x} \cdot V\sigma = 0.172\bar{x}$

又 $\bar{x} = \sqrt{\overline{x^2} - \sigma^2}$　　$(\bar{x})^2 = \overline{x^2} - \sigma^2$

$(\bar{x})^2 = 174 - (0.172\bar{x})^2$

$(\bar{x})^2 = 174 - 0.0295(\bar{x})^2$

$(\bar{x})^2 = 169$　　$\bar{x} = 13$

9. 解：

工资(元)	人数(人)f	组中值(x)	xf	累积人数
600~800	20	700	14 000	20
800~1 000	50	900	45 000	70
1 000~1 200	180	1 100	198 000	250
1 200~1 400	250	1 300	325 000	500
1 400~1 600	200	1 500	300 000	700
1 600~1 800	100	1 700	170 000	800
合　　计	800	—	1 052 000	—

$$\bar{x}=\frac{\sum xf}{\sum f}=\frac{1\,052\,000}{800}=1\,315(元/人)$$

$$M_e=L+\frac{\frac{N}{2}-S_{m-1}}{f_m}\cdot i=1\,200+\frac{\frac{800}{2}-250}{250}\times 200=1\,320(元)$$

$$M_o=L+\frac{d_1}{d_1+d_2}\cdot i=1\,200+\frac{250-180}{(250-180)+(250-200)}\times 200$$
$$=1\,316.67(元)$$

10. 解：$\bar{x}=\frac{3M_e-M_o}{2}=\frac{3\times 15\,000-10\,000}{2}=17\,500(元)$

因为 $\bar{x}>M_e>M_o$，说明存款额呈右偏分布。

11. 解：

英语成绩(分)	人数(f)	组中值(x)	xf	x^2	x^2f	累积人数
90 以上	9	95	855	9 025	81 225	9
80~90	16	85	1 360	7 225	115 600	25
70~80	43	75	3 225	5 625	241 875	68
60~70	26	65	1 690	4 225	109 850	94
60 以下	6	55	330	3 025	18 150	100
合　　计	100	—	7 460	—	566 700	—

$$\bar{x}=\frac{\sum x_i f}{\sum f}=\frac{7\,460}{100}=74.6$$

标准差：$S=\sqrt{\bar{x}^2-(\bar{x})^2}=\sqrt{\frac{\sum x^2 f}{\sum f}-(\bar{x})^2}$

$$=\sqrt{\frac{566\,700}{100}-(74.6)^2}=10.09$$

$$M_e=L+\frac{\frac{N}{2}-S_{m-1}}{f_m}\cdot i=70+\frac{\frac{100}{2}-25}{43}\times 10=75.81$$

偏态系数：$S_k=\frac{3(\bar{x}-M_e)}{S}=\frac{3\times(74.6-75.81)}{10.09}=-0.36$

该班英语成绩人数分布呈左偏分布。

第四章　概率与概率分布

一、填空题

1. 随机试验　随机事件

2. $P(A)+P(B)$

3. 二项试验　成功　失败

4. 离散型

5. 正态　单　直线 $x=\mu$

二、判断题

1. √　2. ×　3. √　4. ×　5. √　6. √　7. ×　8. ×

三、单项选择题

1. C　2. D　3. D　4. A　5. C　6. B　7. A　8. B

四、多项选择题

1. ABCD　2. ABCE　3. BCE

五、名词解释

1. 随机事件是指随机试验中可能发生或可能不发生的结果。

2. 概率是用来衡量随机事件在某一次试验中发生的可能性的大小的,随着随机试验次数 n 的增加,事件 A 出现的频率 $\left(\dfrac{m}{n}\right)$ 稳定在某个常数 P,则事件 A 的概率记作:

$$P(A)=P$$

对任一随机事件 A,其概率总是介于 0~1 之间的数,即有:

$$0 \leqslant P(A) \leqslant 1$$

3. 所谓概率分布,就是用图形或公式来描述随机变量的可能取值及其所对应的概率。

4. 标准正态分布就是指 $\mu=0, \sigma=1$ 时的正态分布,其密度函数为:

$$f(x)=\dfrac{1}{\sqrt{2\pi}}e^{-\frac{x^2}{2}} \quad (-\infty<x<\infty)$$

简记 $X \sim (0,1)$,

标准正态分布的分布函数:

$$F(x)=P(x_1<x<x_2)=\dfrac{1}{\sqrt{2\pi}}\int_{x_1}^{x_2}e^{\frac{x^2}{2}}\mathrm{d}x$$

六、简答题

1. 概率就是用来衡量随机事件在某一次试验中发生的可能性的大小。随着随机试验次数 n 的增加,事件 A 出现的频率 $\dfrac{m}{n}$ 稳定在某个常数 P,则事件 A 的概率记作: $P(A)=P$。概率分布就是用图形或公式来描述随机变量的可能取值及其所对应的概率。

2. 泊松分布是离散型分布中一种重要分布,主要研究在特定时间或空间里某一随机事件出现的次数。其概率函数是:

$$P(X=x)=\frac{\lambda^x e^{-\lambda}}{x!}$$

当成功的概率 P 很小,试验的次数 n 很大时,泊松分布可用作二项分布的近似。

3. 正态分布具有以下性质:

(1) $f(x)$ 是单峰的左右对称的钟形曲线,对称轴是 $x=\mu$。

(2) $f(x)>0$,且以 x 轴为渐近线。

(3) x 的取值范围是整个 x 轴,$-\infty<x<\infty$,即 $\int_{-\infty}^{\infty}f(x)\mathrm{d}x=1$。

(4) σ 越大,曲线越平缓;σ 越小,曲线越陡峭。

七、计算题

1. 解:
$$P(A)=\frac{C_6^2 C_4^2}{C_{10}^4}=0.4286$$

2. 解:

① $P(x=1)=\dfrac{C_7^2 C_3^1}{C_{10}^3}=0.525$

② $P(x\geq 1)=1-P(x=0)=1-\dfrac{C_7^3 C_3^0}{C_{10}^3}=1-0.292$
$$=0.708$$

3. 解:

设事件 A 为"甲处拒绝其申请",事件 B 为"乙处拒绝其申请",则 $A\cup B$ 表示"产品不能投产"。

$$P(A)=0.25,\ P(B)=0.3,\ P(A\cap B)=0.1$$
$$P(A\cup B)=P(A)+P(B)-P(A\cap B)$$
$$=0.25+0.3-0.1=0.45$$

4. 解:

设事件 A_1 为"晚间比赛",事件 A_2 为"日间比赛",B 为

"取胜",则 $P(A_1)=60\%, P(A_2)=40\%, P(B|A_1)=50\%$, $P(B|A_2)=90\%$。

$$P(A_1|B)=\frac{P(A_1)P(B|A_1)}{P(A_1)P(B|A_1)+P(A_2)P(B|A_2)}$$

$$=\frac{60\%\times 50\%}{60\%\times 50\%+40\%\times 90\%}=45.5\%$$

5. 解：

至少有 2 人不系安全带的概率为：

$$P(x\geqslant 2)=1-P(x=0)-P(x=1)$$

$$=1-C_{10}^{0}(0.1)^0(0.9)^{10}-C_{10}^{1}(0.1)^1(0.9)^9$$

$$=1-0.3487-0.3874=0.2639$$

6. 解：

$$P(x=9)=\frac{e^{-8}8^9}{9!}=0.1241$$

7. 解：

$$x=2,\ \mu=2.5,\ \sigma=0.5,\ Z=\frac{x-\mu}{\sigma}=\frac{2-2.5}{0.5}=-1$$

查标准正态分布表：

$$F(x<2)=\varphi(-1)=0.1587$$

$$F(2<x<3)=\varphi\left(\frac{2-2.5}{0.5}<Z<\frac{3-2.5}{0.5}\right)$$

$$=\varphi(1)-\varphi(-1)=0.6826$$

8. 解：

$$Z=\frac{x-\mu}{\sigma}=\frac{90-70}{10}=2$$

$$F(x>90)=\varphi(Z>2)=1-\varphi(2)$$

$$=1-0.9772=0.0228$$

第五章 抽样估计

一、填空题

1. 随机原则　均等
2. 平均数　成数　标准差（方差）
3. 变　固定常
4. 越大　越小
5. 点估计　区间估计
6. 分组法　随机原则
7. 所有单位　全面调查
8. $\mu_p = \sqrt{\dfrac{p(1-p)}{n}}$　$\mu_p = \sqrt{\dfrac{p(1-p)}{n}\left(1-\dfrac{n}{N}\right)}$
9. 样本单位数足够多
10. $\Delta = t \cdot \mu$

二、判断题

1. ×　2. √　3. ×　4. ×　5. √　6. √　7. ×　8. √　9. ×　10. ×

三、单项选择题

1. C　2. B　3. B　4. B　5. C　6. C　7. A　8. B　9. D

四、多项选择题

1. ABCD　2. ABDE　3. AD　4. ACD　5. ABD

五、名词解释

1. 抽样误差是指样本指标与被估计的总体指标的差数。

2. 样本是按随机原则从总体中抽取一部分单位所构成的小总体。

3. 抽样极限误差是样本指标与总体指标之间抽样误差的可

能范围。

4. 区间估计是在一定的概率保证程度下,用样本指标和抽样平均误差估计总体指标的可能范围。

5. 机械抽样又称等距抽样,是将总体单位按一定的顺序排队后,按相同的间隔距离抽取样本单位数。

6. 分层抽样又称类型抽样,是先将全及总体按某一标志分成若干个组,然后在各组中按随机原则抽取样本单位数。

7. 整群抽样是先将全及总体分成若干群,按随机原则从中抽取几个群组,对被抽中群组中的单位进行全面调查。

8. 不重复抽样就是当第一个单位抽出以后不再放回原来总体,总体单位在每次抽选时是不同的。

六、简答题

1. 随机原则是指从调查对象抽取部分单位,抽取哪一个不受调查者主观意志的影响,调查对象中每个调查单位都有同等机会被抽中,最后哪个单位被抽中纯粹是偶然的事情。遵循随机原则的意义在于保证样本对总体有足够多的代表性。

2. 重复抽样就是指每次从全及总体中抽取一个样本单位,记录其特性后放回总体中,再重复上述步骤,直至抽满所需的单位数。对于总体中的每个单位、每次被抽中的概率都是一样的。而不重复抽样是指在样本单位被抽中后,不再放回总体参加后面的抽样步骤,犹如从总体中一次抽取 n 个样本单位。抽样平均数的误差 μ,重复抽样条件下为:$\mu = \dfrac{\sigma}{\sqrt{n}}$,不重复条件下为:$\mu = \sqrt{\dfrac{\sigma^2}{n}\left(\dfrac{N-n}{N-1}\right)} \approx \dfrac{\sigma}{\sqrt{n}} \cdot \sqrt{1-\dfrac{n}{N}}$,因为 $\sqrt{1-\dfrac{n}{N}} < 1$,因此可知重复抽样误差大于不重复抽样误差。当然当 N 足够大时,可用重复抽样误差替代不重复抽样误差。

3. 所需研究的调查单位的全体构成全及总体,简称总体。而由全及总体中被抽取的单位全体构成抽样总体,简称样本。对于同一个总体因抽样的随机性形成不同的样本。

4. 影响抽样单位数的主要因素有抽样极限误差、抽取样本的方法,总体标准差的大小以及概率度的大小。

5. 从抽样极限误差 Δ,抽样平均误差 μ 和概率度 t 三者的关系:$\Delta = t \cdot \mu$ 中可以看出,当平均误差 μ 一定时,极限误差愈大,概率度愈大,当极限误差范围一定时,抽样平均误差 μ 愈小,概率度愈大。

6. 简单随机抽样又称纯随机抽样。它是对全及总体中的每一个单位不作任何处理,直接采用随机原则在全及总体中抽取样本单位。

简单随机抽样的优点是:理论上最符合随机原则,是其他抽样方式的基础。缺点是:① 当总体很大时,对每个单位进行编号就显得很困难。② 当总体各单位标志值之间差异很大时,样本对总体就失去足够的代表性。

7. 分层抽样又称类型抽样。先将全及总体分成若干个组(类型),然后在各组(类型)中随机抽取样本单位。它和简单随机抽样相比具有如下优点:① 它提高了样本的代表性。② 在分组的基础上进行抽样,缩小了各标志值之间的差异程度。

8. 整群抽样是将总体各单位划分为若干群,然后以群为单位,随机抽取若干群,对抽中群中的所有单位进行全面调查。整群抽样工作比较方便,抽中一群就可以抽选许多单位进行调查,但由于抽选单位比较集中,客观上影响了抽选单位在全及总体中分布的均匀性。往往通过抽选更多的单位来提高抽样的精确度。

七、计算题

1. 解:

10袋产品组成单项数列及计算如下:

产品重量(x)	袋数(f)	$x \cdot f$	$x-\bar{x}$	$(x-\bar{x})^2 f$
45	1	45	−2.9	8.41
46	2	92	−1.9	7.22
47	1	47	−0.9	0.81
48	2	96	0.1	0.02
49	2	98	1.1	2.42
50	1	50	2.1	4.41
51	1	51	3.1	9.61
合　计	10	479	—	32.90

$$\bar{x}=\frac{\sum xf}{\sum f}=\frac{479}{10}=47.9(克)$$

$$S^2=\frac{\sum(x-\bar{x})^2 f}{\sum f}=\frac{32.9}{10}=3.29(克)$$

$$\mu_x=\sqrt{\frac{\sigma^2}{n}}=\sqrt{\frac{3.29}{10}}=0.57(克)$$

2. 解：

(1) $p=\frac{190}{200}=95\%$

$$\mu_p=\sqrt{\frac{p(1-p)}{n}}=\sqrt{\frac{0.95\times 0.05}{200}}=0.015$$

由　$F(t)=95.45\%$　$t=2$

$$\Delta p=t\cdot\mu_p=2\times 0.015=0.03=3\%$$

$$p-\Delta p\leqslant P\leqslant p+\Delta p$$

$$95\%-3\%\leqslant P\leqslant 95\%+3\%$$

$$92\%\leqslant P\leqslant 98\%$$

以 95.45% 概率推算该批产品合格率在 92% 和 98% 之间。

(2) $p=\dfrac{10}{200}=0.05=5\%$

$$\mu_p=\sqrt{\dfrac{p(1-p)}{n}}=\sqrt{\dfrac{0.05\times0.95}{200}}=0.015$$

由 $F(t)=95.45\%$ $t=2$

$$\Delta p=t\cdot\mu_p=2\times0.05=0.03=3\%$$
$$p-\Delta p\leqslant P\leqslant p+\Delta p$$
$$5\%-3\%\leqslant P\leqslant 5\%+3\%$$
$$2\%\leqslant P\leqslant 8\%$$

以 95.45% 概率推算该月产品不合格率在 2% 和 8% 之间,没有超过 8% 的不合格率。

3. 解:

(1) 列表计算如下:

重量分组	包数(f)	组中值(x)	$x\cdot f$	$x-\bar{x}$	$(x-\bar{x})^2 f$
26~27	1	26.5	26.5	−1.9	3.61
27~28	3	27.5	82.5	−0.9	2.43
28~29	3	28.5	85.5	0.1	0.03
29~30	2	29.5	59	1.1	2.42
30~31	1	30.5	30.5	2.1	4.41
合　计	10	—	284	—	12.9

$$\bar{x}=\dfrac{\sum xf}{\sum f}=\dfrac{284}{10}=28.4(克)$$

$$S=\sqrt{\dfrac{\sum(x-\bar{x})^2 f}{\sum f}}=\sqrt{\dfrac{12.9}{10}}=1.14(克)$$

$$\mu_x=\sqrt{\dfrac{\sigma^2}{n}}=\sqrt{\dfrac{S^2}{n}}=\dfrac{1.14}{\sqrt{10}}=0.36(克)$$

由 $F(t)=95.45\%$ $t=2$

$\Delta x=t\cdot\mu_x=2\times0.36=0.72$

$$\bar{x}-\Delta x\leqslant\bar{x}\leqslant\bar{x}+\Delta x$$

$$28.4-0.72 \leqslant \bar{x} \leqslant 28.4+0.72$$
$$27.68 \leqslant \bar{x} \leqslant 29.12$$

以 95.45% 概率推算该批食品重量范围不符合规格要求。

(2) $p = \dfrac{1}{10} = 10\%$

$$\mu_p = \sqrt{\dfrac{p(1-p)}{n}} = \sqrt{\dfrac{0.1 \times 0.9}{10}} = 0.095 = 9.5\%$$
$$F(t) = 95.45\% \quad t = 2$$
$$\Delta p = t \cdot \mu_p = 2 \times 9.5\% = 19\%$$
$$p - \Delta p \leqslant P \leqslant p + \Delta p$$
$$10\% - 19\% \leqslant P \leqslant 10\% + 19\%$$

即 $\qquad P \leqslant 29\%$

以 95.45% 的概率推算该批食品重量合格率在 29% 以下。

4. 解：

(1) $p = \dfrac{15}{250} = 0.06 = 6\%$

$$\mu_p = \sqrt{\dfrac{p(1-p)}{n}} = \sqrt{\dfrac{0.06 \times 0.94}{250}} = 0.015 = 1.5\%$$
$$F(t) = 68.27\% \quad t = 1$$
$$\Delta p = t \cdot \mu_p = 1 \times 1.5\% = 1.5\%$$
$$p - \Delta p \leqslant P \leqslant p + \Delta p$$
$$6\% - 1.5\% \leqslant P \leqslant 6\% + 1.5\%$$
$$4.5\% \leqslant P \leqslant 7.5\%$$

以 68.27% 的概率估计该批零件的不合格率在 4.5% 和 7.5% 之间。

(2) $F(t) = 95.45\% \quad t = 2$

$$\Delta p = t \cdot \mu_p = 2 \times 1.5\% = 3\%$$
$$p - \Delta p \leqslant P \leqslant p + \Delta p$$
$$6\% - 3\% \leqslant P \leqslant 6\% + 3\%$$
$$3\% \leqslant P \leqslant 9\%$$

以 95.45% 的概率（把握程度）估计该批产品的不合格率在 3% 和 9% 之间。

通过上述计算可以说明，当把握程度（概率）在不断提高时，置信区间也在不断扩大。

5. 解：

(1) 已知：$\bar{x}=1800$ 小时　$S=6$ 小时　$n=100$ 个

计算：$\mu_{\bar{x}}=\sqrt{\dfrac{\sigma^2}{n}}=\sqrt{\dfrac{S^2}{n}}=\dfrac{6}{10}=0.6$（小时）

$$F(t)=68.27\%\quad t=1$$

$$\Delta x=t\cdot\mu_{\bar{x}}=1\times 0.6=0.6\text{（小时）}$$

极限误差为 0.6 小时。

(2) 已知：$\Delta x=0.4$ 小时　$\sigma=6$ 小时　$t=1$

计算：$n=\dfrac{t^2\sigma^2}{\Delta_x^2}=\dfrac{1^2\times 6^2}{0.4^2}=\dfrac{36}{0.16}=225$（只）

应抽取 225 只灯泡进行测试。

(3) 已知：$\Delta x=0.4$ 小时　$F(t)=95.45\%$　$t=2$　$\sigma=6$ 小时

计算：$n=\dfrac{t^2\sigma^2}{\Delta_x^2}=\dfrac{2^2\times 6^2}{0.4^2}=900$（只）

应抽取 900 只灯泡进行测试。

(4) 已知：$\Delta x=0.6$ 小时　$t=2$　$S=6$ 小时

计算：$n=\dfrac{t^2\sigma^2}{\Delta_x^2}=\dfrac{2^2\times 6^2}{0.6^2}=400$（只）

应抽取 400 只灯泡进行测试。

(5) 通过以上计算可以看到，抽样单位数和概率之间是正比关系，即当概率提高时，抽样单位数也会增加；抽样单位数和允许误差（极限误差）之间是反比关系，即当极限误差范围扩大时，相应的抽样单位数就会减少。

6. 解：

已知：$\Delta p = 0.02$　$t=2$　$p=0.5$（取成数方差的最大值）

计算：$n = \dfrac{t^2 p(1-p)}{\Delta_p^2} = \dfrac{2^2 \times 0.5 \times 0.5}{0.02^2} = 2\,500$（件）

7. 解：

（1）已知：$\bar{x}=410$　$S=45$　$n=100$

$$\mu_{\bar{x}} = \sqrt{\dfrac{\sigma^2}{n}} = \sqrt{\dfrac{S^2}{n}} = \dfrac{45}{10} = 4.5\,(千克)$$

（2）$\bar{x}=410$ 千克　$F(t)=95.45\%$　$t=2$

$$\Delta x = t \cdot \mu_{\bar{x}} = 2 \times 4.5 = 9$$
$$\bar{x} - \Delta x \leqslant \bar{X} \leqslant \bar{x} + \Delta x$$
$$410 - 9 \leqslant \bar{X} \leqslant 410 + 9$$
$$401 \leqslant \bar{X} \leqslant 419$$

以 95.45% 概率估计亩产量在 401～419 千克之间。

（3）$X = N \cdot \bar{X} = 6\,000 \times [401, 419]$

$$X = [2\,406\,000, 2\,514\,000]$$

以 95.45% 概率估计 6 000 亩水稻的总产量在 2 406 000～2 514 000 千克之间。

8. 解：

已知：$\bar{x}=45$ 元　$\mu_{\bar{x}}=2$ 元　$\bar{x}+\Delta x = 48.92$（元）

计算：$\Delta x = t \cdot \mu_{\bar{x}}$

$$\bar{x} + \Delta x = 48.92$$
$$\Delta x = 48.92 - 45 = 3.92$$
$$t = \dfrac{\Delta x}{\mu_{\bar{x}}} = \dfrac{3.92}{2} = 1.96$$

由 $t=1.96$，查表得 $F(t)=95\%$

以 95% 的概率可以保证平均每户每月书报费支出在 41.08～

48.92元之间。

9. 解：

$$p=\frac{96}{100}=0.96=96\%$$

$$\mu_p=\sqrt{\frac{p(1-p)}{n}}=\sqrt{\frac{0.96\times0.04}{100}}=0.0196=1.96\%$$

$$p+\Delta p=97.96\%$$

$$\Delta p=97.96\%-96\%=1.96\%$$

由 $\Delta p=t\cdot\mu_p$ $t=\frac{\Delta p}{\mu_p}=\frac{1.96\%}{1.96\%}=1$

由 $t=1$ 查表得 $F(t)=68.27\%$

以 68.27% 概率可以保证 3 000 只元体的合格率在 94.04%~97.96% 之间。

10. 解：

(1) $n'=4n$ σ 不变

$$\mu_x=\frac{\sigma}{\sqrt{n}}$$

$$\mu'_x=\frac{\sigma}{\sqrt{4n}}=\frac{\sigma}{2\sqrt{n}}=\frac{1}{2}\mu_x$$

抽样平均误差为原来的 $\frac{1}{2}$。

(2) $\Delta'=2\Delta$ t 及 σ 不变

$$n=\frac{t^2\sigma^2}{\Delta^2}$$

$$n'=\frac{t^2\sigma^2}{\Delta'^2}=\frac{t^2\sigma^2}{(2\Delta)^2}=\frac{t^2\sigma^2}{4\Delta^2}=\frac{1}{4}n$$

误差扩大为 2 倍时，抽样单位数为原来的 $\frac{1}{4}$。

(3) $\Delta'=\frac{1}{2}\Delta$ t 及 σ 不变

$$n=\frac{t^2\sigma^2}{\Delta^2}$$

$$n' = \frac{t^2\sigma^2}{\Delta'^2} = \frac{t^2\sigma^2}{\left(\frac{1}{2}\Delta\right)^2} = 4 \times \frac{t^2\sigma^2}{\Delta^2} = 4n$$

当抽样允许误差缩小为原来的 $\frac{1}{2}$ 倍时,抽样单位数是原来的 4 倍。

第六章 假设检验

一、填空题
1. 真实自然状态　非真实自然状态
2. 原假设(零假设)　替代假设(备择假设)
3. 双边检验　单边检验
4. 左侧检验　右侧检验
5. 临界值
6. Z
7. t　$n_1 + n_2 - 2$ 的 t

二、判断题
1. √　2. ×　3. ×　4. √　5. √　6. √　7. ×　8. √　9. ×　10. ×　11. √

三、单项选择题
1. B　2. D　3. B　4. A　5. B　6. C　7. A　8. C　9. C　10. C

四、多项选择题
1. BD　2. BD　3. AC　4. ABD　5. ABD

五、名词解释
1. 在一定条件下总体所表现的特征即为总体的自然状态或称为可能状态。

2. 原假设真实,而样本点都落入临界区域的概率,称显著水平,常用 α 表示。

3. 替代假设又称对立假设或备择假设,是当原假设被否定时即可成立的假设。

4. 由样本所构造的随机变量称为统计量。

5. 临界值就是临界区域的端点。

六、简答题

1. 将总体真实的自然状态检验为总体的非真实自然状态称为第一类错误。而将非真实的自然状态检验为真实的自然状态称为第二类错误。

2. 临界区域位于统计量分布曲线两侧的假设检验称为双边检验,而临界区域位于统计量分布曲线一侧的假设检验称为单边检验。

3. (1) 根据要求,提出原假设 H_0 和替代假设 H_1,在检验进行中,假设 H_0 是真实的。

(2) 选定合适的检验统计量。

(3) 决定显著水平 α。

(4) 根据显著水平确定统计量的临界区域,同时注意是双边检验还是单边检验。

(5) 根据计算的统计量及所确定的显著水平作出决策。

4. 检验统计量的选择取决于总体分布的特征及样本单位数的多少。如总体为正态分布且方差已知的情况下,采用 Z 统计量;总体为正态分布且方差未知,采用 t 统计量。对非正态分布的总体,如果样本容量足够大也可采用 Z 及 t 统计量。

5. 临界区域位于统计量分布曲线左侧的假设检验称为左侧检验,临界区域位于统计量分布曲线右侧的假设检验称为右侧检验。

6. 假设检验是以样本指标为依据来判断总体指标的假设值

是否成立,通过构造合适的统计量来分析样本统计值与参数估计值的差异。它的主要作用在于用差异的大小来反映假设值真实性的大小,即差异小,假设值真实性就可能大,差异大,假设值真实性就可能小。

7. 当样本容量足够大时,即 $n \geqslant 30$ 时,非正态分布的变量近似地服从正态分布,也可选用 Z 统计量进行检验。

8. 区间估计是根据样本信息去估计总体的未知信息,而假设检验是对总体参数提出一个假设值,再用样本信息去研究参数假设值是否成立。在双边检验中的接受域即为区间估计的置信区间。

七、计算题

1. 解:

已知: $\sigma = 12$ $n = 400$ $\bar{x} = 21$ $\mu_0 = 20$

根据题意设假设: $H_0 : \mu \leqslant \mu_0$
$H_1 : \mu > \mu_0$

用 Z 统计量代入上述数据:

$$Z = \frac{\bar{x} - \mu_0}{\sigma / \sqrt{n}} = \frac{21 - 20}{12 / \sqrt{400}} = 1.67$$

由 $\alpha = 0.05$ 所对应的临界值 $Z_{0.05} = 1.64$。

因 $Z \geqslant Z_\alpha$ 为拒绝域,题中 $Z = 1.67, Z_\alpha = 1.64$,故拒绝原假设,则可以说明总体的平均值会超过 20。

2. 解:

提出假设: $H_0 : \mu = 50$
$H_1 : \mu \neq 50$

因总体方差未知,宜采用统计量 t:

$$t = \frac{\bar{x} - \mu_0}{S / \sqrt{n}}$$

根据资料计算：

$$\bar{x}=\frac{\sum x}{n}=\frac{49.8+51+50.5+49.5+49.2+50.2+51.2+50.3+49.7+50.6}{10}$$
$$=50.20(克)$$

$$S=\sqrt{\frac{\sum(x-\bar{x})^2}{n}}=0.62(克)$$

$$t=\frac{\bar{x}-\mu_0}{S/\sqrt{n}}=\frac{50.20-50}{0.62/\sqrt{10}}=1.02$$

由 $\alpha=0.1$　查 $\alpha=0.1$ 双侧，自由度为 $10-1=9$ 得

$$t_{0.1}^{(9)}=1.83$$

拒绝域为 $|t|>t_\alpha$，题中 $|t|<t_\alpha$，故接受原假设，即每袋重量符合要求。

3. 解：

提出原假设：　$H_0:\mu\leqslant 10\%$

　　　　　　　$H_1:\mu>10\%$

选用 Z 统计量：

$$Z=\frac{p-p_0}{\sqrt{\frac{p_0(1-p_0)}{n}}}$$

用 $p=\frac{6}{40}=0.15$　$p_0=10\%$　$n=40$ 代入上式：

$$Z=\frac{p-p_0}{\sqrt{\frac{p_0(1-p_0)}{n}}}=\frac{0.15-0.10}{\sqrt{\frac{0.1\times 0.9}{40}}}=1.05$$

$Z_{0.05}=1.64$，拒绝域为 $Z>Z_\alpha$，本题中 $Z<Z_\alpha$，故接收原假设，可以认为该批产品的次品率不高于 10%。

4. 解：

提出原假设：　$H_0:\mu\geqslant 17\%$

　　　　　　　$H_1:\mu<17\%$

选用统计量 Z：

$$Z = \frac{p - p_0}{\sqrt{\frac{p_0(1-p_0)}{n}}}$$

用 $p = \frac{28}{200} = 0.14$　$p_0 = 0.17$　$n = 200$ 代入上式：

$$Z = \frac{p - p_0}{\sqrt{\frac{p_0(1-p_0)}{n}}} = \frac{0.14 - 0.17}{\sqrt{\frac{0.17 \times 0.83}{200}}} = -1.13$$

$Z_{0.05} = 1.64$，拒绝域为 $Z < -Z_\alpha$，本题中 $Z > -Z_\alpha$，故接收原假设，则不能认为技术改造后产品质量有所提高。

5. 解：

提出假设：$H_0: \mu_1 = \mu_2$

　　　　　$H_1: \mu_1 \neq \mu_2$

选用统计量：

$$t = \frac{(\bar{x}_1 - \bar{x}_2) - (\mu_1 - \mu_2)}{\sqrt{\frac{S_1^2}{n_1} + \frac{S_2^2}{n_2}}}$$

用 $\bar{x}_1 = 1.39$　$\bar{x}_2 = 1.42$　$S_1 = 0.087$　$S_2 = 0.085$　$n_1 = n_2 = 10$ 代入上式：

$$t = \frac{(1.39 - 1.42) - 0}{\sqrt{\frac{0.087^2}{10} + \frac{0.085^2}{10}}} = -0.78$$

查自由度 $18(10+10-2)$，$\alpha = 0.05$ 双侧 t 分布表，$t_\alpha = 2.10$，其拒绝域为 $|t| > t_\alpha$，本题中 $0.78 < 2.10$，因而接受原假设，可以认为两总体的均值相等。

6. 解：

提出假设　　$H_0: P_1 = P_2$

　　　　　　$H_1: P_1 \neq P_2$

大样本可采用 Z 统计量：

$$Z=\frac{(P_1-P_2)-P_0}{\sqrt{\frac{P_1(1-P_1)}{n_1}+\frac{P_2(1-P_2)}{n_2}}}$$

$$=\frac{37\%-45\%}{\sqrt{\frac{37\%(1-37\%)}{1\,600}+\frac{45\%(1-45\%)}{2\,000}}}=-4.87$$

双侧检验中 $Z_{0.025}=1.96$,拒绝域为 $|Z|>Z_{0.025}$,本题中 $|-4.87|>1.96$,故拒绝原假设。不能认为这几年间该地区公民认为外来移民会影响到当地生活品质的比率是一致的。

7. 解：

设乡村与城市中65岁以上老人平均寿命分别为 μ_1、μ_2。

提出假设： H_0: $\mu_1 \leqslant \mu_2$

H_1: $\mu_1 > \mu_2$

$$\bar{x}_1=\frac{\sum x_1}{n}=\frac{789}{10}=78.9 \qquad \bar{x}_2=\frac{\sum x_2}{n}=\frac{772}{10}=77.2$$

$$S_1=\sqrt{\frac{\sum(x_1-\bar{x}_1)^2}{n}}=8.04 \qquad S_2=\sqrt{\frac{\sum(x_2-\bar{x}_2)^2}{n}}=7.72$$

因总体方差未知,选用 t 统计量：

$$t=\frac{(\bar{x}_1-\bar{x}_2)-(\mu_1-\mu_2)}{\sqrt{\frac{S_1^2}{n}+\frac{S_2^2}{n_2}}}=\frac{(78.9-77.2)-0}{\sqrt{\frac{8.04^2}{10}+\frac{7.22^2}{10}}}=0.5$$

查自由度 $10+10-2=18$, $\alpha=0.05$ 单侧 t 分布表, $t_{0.05}(18)=1.73$,其拒绝域为 $t>t_{0.05}$,本题中 $0.5<1.73$,故接受原假设。不能认为住乡村65岁以上的人比住在城市平均寿命长。

8. 解：

提出假设： H_0: $\mu_1=\mu_2$

H_1: $\mu_1 \neq \mu_2$

因两个样本容量不同且总体方差未知,故选用统计量：

$$t=\sqrt{\frac{n_1 n_2(n_1+n_2-2)}{n_1+n_2}} \cdot \frac{\bar{x}_1-\bar{x}_2}{\sqrt{n_1 S_1^2+n_2 S_2^2}}$$

用 $\bar{x}_1=40, \bar{x}_2=32, S_1=8, S_2=6, n_1=12, n_2=16$ 代入上式得：

$$t=\sqrt{\frac{12\times16\times(12+16-2)}{12+16}}\times\frac{40-32}{\sqrt{12\times8^2+16\times6^2}}$$

$$=2.91$$

查自由度 $26(12+16-2), \alpha=0.05$ 双侧 t 分布表，得 $T_\alpha=2.06$，其拒绝域为 $|t|>t_\alpha$，本题中 $2.91>2.06$，故拒绝原假设。即两种方法生产的产品的抗拉强度不同。

第七章 相 关 分 析

一、填空题

1. 简单相关表　分组相关表
2. 散点图　相关系数
3. $-1\leqslant r\leqslant+1$
4. 零相关　零
5. 样本　线性关系

二、判断题

1. ×　2. ×　3. ×　4. ×　5. √　6. ×　7. √　8. ×　9. ×　10. √

三、单项选择题

1. A　2. D　3. B　4. B　5. B　6. B　7. C　8. D　9. B　10. C

四、多项选择题

1. ABDE　2. BC　3. CE　4. ABE　5. AB　6. ABDE　7. BC　8. ABCDE

五、名词解释

1. 相关系数是在直线相关条件下,说明变量间相关关系密切程度的统计分析指标。一般用符号 r 表示。

2. 直线相关也称线性相关,是指在两变量之间,当自变量 x 数值发生变动时,因变量 y 数值发生大致均等的变动。

3. 负相关是指两个变量有着不同的变化方向,即当自变量 x 的数值增加时,因变量 y 的数值相应减少,或当自变量 x 的数值减少时,因变量 y 的数值相应增加。

4. 非线性相关是指在两变量之间,当自变量 x 数值发生变动时,因变量 y 数值发生不均等的变动。

5. 相关分析是指对现象之间相关关系密切程度的分析。

六、简答题

1. 函数关系是变量间的一种完全确定性的关系,即一个变量的数值完全由另一个(组)变量的数值所确定,通常可用数学公式确切地表示出来。而相关关系一般不是完全确定的,对自变量的一个值,与之对应的因变量值不是唯一的,一般不能用数学公式正确地表示出来。

2. 判断相关关系的方法主要有:① 对客观事物的定性认识。② 将现象之间的数量特征编制相关表。③ 将现象之间的关系绘制相关图。④ 计算相关系数或相关指数。

3. 零相关表明两变量之间没有任何线性关系,所计算的相关系数 $r=0$。

不相关是指变量之间不存在任何相关关系,即变量之间的变动彼此互不影响。

4. 相关系数是在直线相关条件下,说明变量之间相关关系密切程度的统计分析指标。一般用符号 r 表示。

相关系数的大小可以判断现象间紧密程度的高低。

相关系数的主要计算方法有二:

(1) 积差法。$r=\dfrac{\sigma_{xy}^2}{\sigma_x \sigma_y}$

(2) 简捷法。$r=\dfrac{n\sum xy-\sum x\sum y}{\sqrt{n\sum x^2-(\sum x)^2}\sqrt{n\sum y^2-(\sum y)^2}}$

相关系数 $r=0$,表示零相关,即没有线性关系。

相关系数 $r=1$,表示变量间具有完全正线性关系。

相关系数 $r=-1$,表示变量间具有完全负线性关系。

5. 对根据样本数据计算的相关系数进行显著性测定,称为相关系数的假设检验。

相关系数 r 的假设检验步骤为:

(1) 建立原假设与对立假设:
$$H_0: \rho=0 \quad H_1: \rho\neq 0$$

(2) 选择显著水平 α。

(3) 选择统计量,如 $F=\dfrac{r^2}{1-r^2}(n-2)$。

(4) 根据计算的统计量及显著水平作出决策。

6. 进行相关分析时,应注意如下几个问题:

(1) 在定性分析的基础上进行定量分析。

(2) 注意现象质的界限及相关关系的范围。

(3) 对社会经济现象进行相关分析时,应考虑其复杂性。

7. 三个或三个以上变量之间的相关关系称为复相关。复相关系数是衡量多个变量之间关系紧密程度的指标。

七、计算题

1. 解:

$$r=\dfrac{n\sum xy-\sum x\sum y}{\sqrt{n\sum x^2-(\sum x)^2}\sqrt{n\sum y-(\sum y)^2}}$$

$$=\dfrac{6(1\,481)-21(426)}{\sqrt{[6(79)-(21)^2][6(30\,268)-(426)^2]}}$$

$$=-0.91$$

2. 解:

(1) 施肥量为自变量,产量为因变量。

(2)

(3) 列表计算如下:

地块	x	y	xy	x^2	y^2
A	2	7	14	4	49
B	1	3	3	1	9
C	3	8	24	9	64
D	4	10	40	6	100
合计	10	28	81	30	222

$$r=\frac{4\times 81-10\times 28}{\sqrt{[4\times 30-(10)^2][4\times 222-(28)^2]}}=\frac{44}{\sqrt{2\,080}}=0.9648$$

(4) 产量与施肥量之间拥有高度正相关关系。

3. 解:

$$r=\frac{L_{xy}}{\sqrt{L_{xx}L_{yy}}}$$

$$r^2 = \frac{(1.7L_{xx})^2}{(2L_{xx})^2} = \frac{2.89}{4} = 0.7225$$

$$r = 0.85$$

4. 解：

(1) 广告次数是自变量。

(2) 散点图：

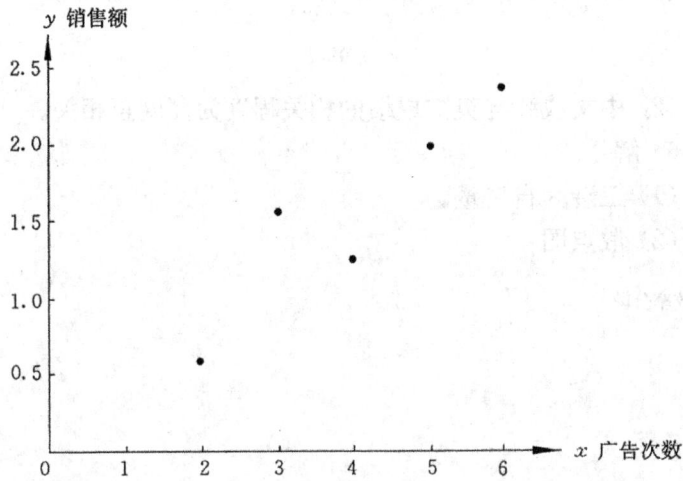

(3) 从数据看，广告次数与销售额之间存在一定正比例的依存关系。

(4) 列表计算如下：

地　区	x	y	xy	x^2	y^2
东　岭	4	1.5	6	16	2.25
南　岭	2	0.8	1.6	4	0.64
西　岭	5	2.1	10.5	25	4.41
北　岭	6	2.4	14.4	36	5.76
中　岭	3	1.7	5.1	9	2.89
合　计	20	8.5	37.6	90	15.95

$$r = \frac{5 \times 37.6 - 20 \times 8.5}{\sqrt{[5 \times 90 - (40)^2][5 \times 15.95 - (8.5)^2]}} = \frac{18}{\sqrt{19.3649}}$$

$$= 0.9295$$

(5) 广告次数与销售额之间存在高度正相关关系。

5. 解：

(1) $r = \dfrac{\sigma_{xy}^2}{\sigma_x \sigma_y} = \dfrac{72}{9.75 \times 7.9} = \dfrac{72}{77.025}$

$$= 0.9348$$

(2) 中文成绩与英文成绩的相关程度为高度正相关。

6. 解：

(1) 工龄为自变量。

(2) 散点图：

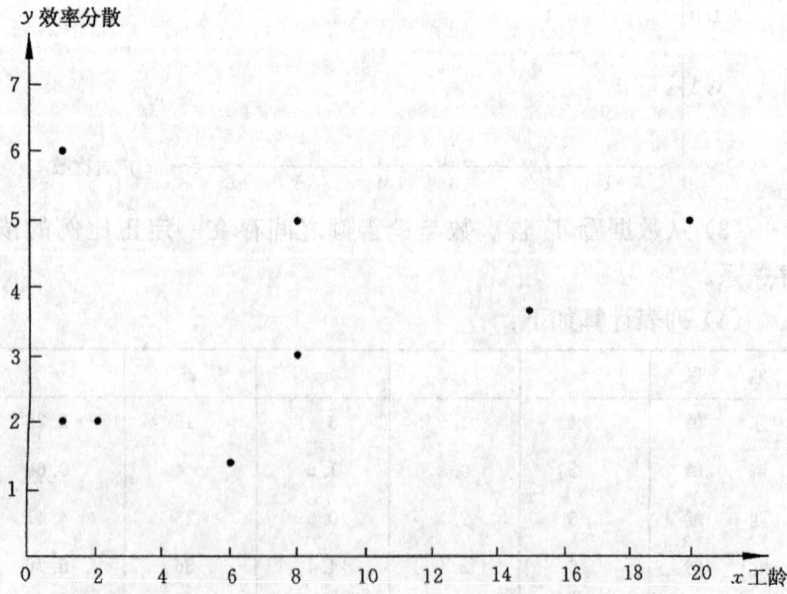

(3) 从散点图上看,该公司员工工龄与效率分数之间没有高度相关关系。

(4) 列表计算如下:

员工	工龄(x)	效率分数(y)	xy	x^2	y^2
叶	1	6	6	1	36
王	20	5	100	400	25
蒋	6	3	18	36	9
李	8	5	40	64	25
孙	2	2	4	4	4
徐	1	2	2	1	4
唐	15	4	60	225	16
朱	8	3	24	64	9
合计	61	30	254	795	128

$$r = \frac{8 \times 254 - 61 \times 30}{\sqrt{[8 \times 795 - (61)^2][8 \times 128 - (30)^2]}} = \frac{202}{572.0455}$$

$$= 0.3531$$

(5) 该公司员工工龄与效率分数之间只有低度的相关关系。

7. 解:

提出假设: $H_0: \rho = 0$

$H_1: \rho \neq 0$

统计量:

$$F = \frac{r^2}{1-r^2}(n-2) = \frac{(0.32)^2}{1-(0.32)^2} \times (12-2) = 1.141$$

$n=12$, 自由度 $=12-2=10$, $\alpha=0.05$, $F_{0.05}(1,10)=4.96$。

本题中 $1.141 < 4.96$, 故接受 H_0, 即没有足够的证据表明总体相关系数不为 0。

8. 解:

提出假设： $H_0: \rho = 0$
$H_1: \rho \neq 0$

$r = 0.86, n = 20$，自由度 $= 20 - 12 = 18, \alpha = 0.05$ 时，$F_{0.05}(1, 18) = 4.41$。

统计量：

$$F = \frac{r^2}{1-r^2}(n-2) = \frac{(0.86)^2}{1-(0.86)^2} \times (20-2) = 51.12 > 4.41$$

所以拒绝 H_0，即可认为总体的相关系数不为 0。

第八章 回归分析

一、填空题

1. $b = 0.7692$
2. 回归系数　最小平方法
3. 判定系数
4. 估计标准误
5. t

二、判断题

1. √　2. √　3. ×　4. ×　5. ×　6. ×　7. ×　8. ×　9. ×　10. ×

三、单项选择题

1. A　2. A　3. D　4. A　5. D　6. C　7. C　8. A　9. A

四、多项选择题

1. ABC　2. ABC　3. ACD　4. AC　5. ABC

五、名词解释

1. 回归分析是指对具有相关关系的现象,选择一个恰当的数学模型,以一个或一个以上的自变量作为依据,计算和预测因变量发展水平和发展趋势的统计分析方法。

2. 估计标准误是指根据回归方程测定的各个观察点的估计值 y_c 与实际值 y 之间的平均离差。

3. 判定系数是总平方和与剩余平方和之差与总平方和之比。

4. 最小平方法的原理是实际值与估计值的离差之和等于零,$\sum(y-y_c)=0$;实际值与理论值的离差平方之和为最小值,$\sum(y-y_c)^2=$最小值。

5. 一元回归方差分析是指将回归平方和与剩余平方和分别除以各自的自由度后加以比较,然后对此方差比进行显著性检验。

六、简答题

1. 简单直线回归是指对两个有相关关系的变量,配合适当的直线回归方程,反映一个自变量与一个因变量之间的统计规律。

2. 根据回归方程测定的各个观察点的估计值 y_c 与实际值 y 之间的平均离差。用公式表示为 $S_y=\sqrt{\frac{\sum(y-y_c)^2}{n-2}}$。$0 \leqslant S_y \leqslant \sigma_y$。

估计标准误的主要作用用来说明回归方程代表性大小。估计标准误愈接近于零,回归方程代表性愈大。

3. 在简单直线回归方程 $y_c=a+bx$ 中,b 表示回归直线的斜率,又称为回归系数。

回归系数的含义表示自变量 x 变动一个单位时,因变量 y 的平均增减数值。

4. 估计标准误与相关系数在数量上具有如下关系:

$$r=\sqrt{1-\frac{S_y^2}{\sigma_y^2}}, \ S_y=\sigma_y \cdot \sqrt{1-r^2}$$

(r:相关系数,S_y:估计标准误,σ_y:因变量标准差。)

5. 回归系数 b 的假设检验程序为：

(1) 作出原假设和对立假设：

$H_0: \beta=0$ $H_1: \beta \neq 0$ (β:回归直线的真实斜率)

(2) 选择显著水平 α；

(3) 根据样本数据计算统计量 $t=\dfrac{b-\beta_0}{\hat{\sigma}_b}\left(\hat{\sigma}_b=\sqrt{\dfrac{S_y^2}{\sum(x-\bar{x})^2}}\right)$；

(4) 根据 α 及 t 作出判断。

6. 在回归分析中,实际观察值与其平均数的离差平方和称为总离差平方和,记作 $SST=\sum(y-\bar{y})^2$。将估计值与平均数的离差平方和称为回归平方和,记作 $SSR=\sum(y_c-\bar{y})^2$。将实际观察值与估计值的离差平方和称为残差平方和,记作 $SSE=\sum(y-y_c)^2$。

三者间的关系可表述为：

总离差平方和(SST)＝残差平方和(SSE)＋回归平方和(SSR)

$$\sum(y-\bar{y})^2=\sum(y-y_c)^2+\sum(y_c-\bar{y})^2$$

7. 多元线性回归分析用多个变量的观察数据拟合所关心的变量以及影响它变化的变量之间的线性关系式,检验影响变量的显著程度和比较它们的作用大小,可以用两个或多个自变量的变化来解释和预测因变量的变化。常用的分析指标包括多元相关系数和偏相关系数。

七、计算题

1. 解：

(1) $a=\bar{y}-b\bar{x}$ $1.7575=11.3-b12.6$

所以 $b=0.7573$ $y_c=1.7575+0.7573x$

(2) $\sigma_x^2 = \overline{x^2} - (\bar{x})^2 = 5.44$ $\sigma_y^2 = \overline{y^2} - (\bar{y})^2 = 6.91$

$$r = b \cdot \frac{\sigma_x}{\sigma_y} = 0.7573 \frac{\sqrt{5.44}}{\sqrt{6.91}} = 0.672$$

2. 解:

(1) $r = b \cdot \frac{\sigma_x}{\sigma_y}$ $0.9 = b \cdot \frac{5}{6}$ $b = 1.08$

所以 $y_c = 2.8 + 1.08x$

(2) $S_y = \sigma_y \sqrt{1 - r^2}$

$S_y = 6 \times \sqrt{1 - (0.9)^2} = 2.6153$

3. 解:

列表计算如下:

序号	x	y	x^2	y^2	xy
1	5	13	25	169	65
2	3	15	9	225	45
3	6	7	36	49	42
4	3	12	9	144	36
5	4	13	16	169	52
6	4	11	16	121	44
7	6	9	36	81	54
8	8	5	64	25	40
合计	39	85	211	983	378

(1) $\bar{x} = 4.875$

$\bar{y} = 10.625$

$$b = \frac{n\sum xy - \sum x \sum y}{n \sum x^2 - (\sum x)^2} = \frac{8 \times 378 - 39 \times 85}{8 \times 211 - 39^2} = -1.7425$$

$$a = \bar{y} - b\bar{x} = 19.1198$$

$$y_c = 19.1198 - 1.7425x$$

(2) 当 $x = 7$ 时

$$y_c = 19.1198 - 1.7425 \times 7 = 6.9223$$

4. 解:

(1) 散点图:

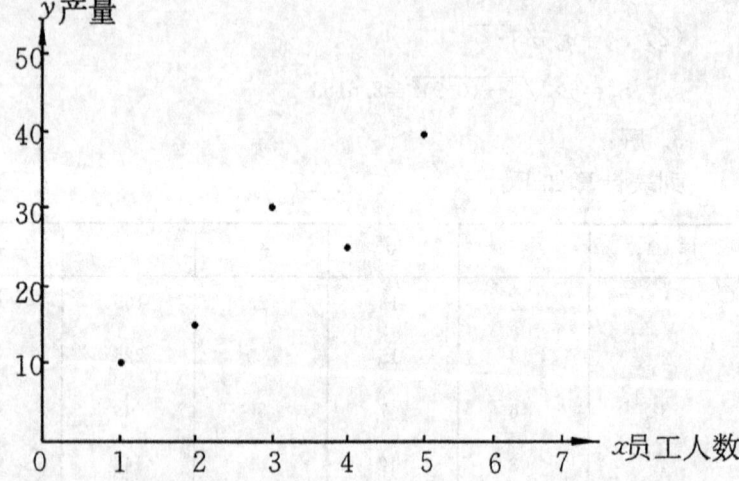

(2) 从散点图上可以看出员工人数与每小时产量之间存在正相关关系。

(3) 列表计算如下:

序 号	x	y	x^2	y^2	xy
1	2	15	4	225	30
2	4	25	16	625	100
3	1	10	1	100	10
4	5	40	25	1 600	200
5	3	30	9	900	90
合 计	15	120	55	3 450	430

$$b=\frac{n\sum xy-\sum x\sum y}{n\sum x^2-(\sum x)^2}=\frac{5\times 430-15\times 120}{5\times 55-(15)^2}=\frac{350}{50}=7$$

$$a=\bar{y}-b\bar{x}=24-7(3)=3$$

$$y_c=3+7x$$

(4) $y_c=3+7\times 3=24$(件)

(5) $S_y=\sqrt{\dfrac{\sum y^2-a\sum y-b\sum xy}{n-2}}=\sqrt{\dfrac{3\,450-3(120)-7(430)}{3}}$

$\qquad =5.16$

5. 解：

列表计算如下：

序号	x	y	x^2	y^2	xy
1	3	99	9	9 801	297
2	6	104	36	10 816	624
3	5	151	25	22 801	755
4	6	129	36	16 641	774
5	6	142	36	20 164	852
6	3	111	9	12 321	333
7	4	74	16	5 476	296
8	4	91	16	8 281	364
9	5	119	25	14 161	595
10	3	91	9	8 281	273
总计	45	1 111	217	128 743	5 163

(1) $b=\dfrac{n\sum xy-\sum x\sum y}{n\sum x^2-(\sum x)^2}=\dfrac{1\,635}{145}=11.2759$

$\quad a=60.3586$

$$y_c = 60.3586 + 11.2759x$$

(2) $S_y = \sqrt{\dfrac{\sum y^2 - a\sum y - b\sum xy}{n-2}} = 20.82$

(3) $y_c = 60.3586 + 11.2759(4) = 105.46(元)$

$F(t) = 95\%, \alpha = 1 - F(t) = 5\%, df = 10 - 2 = 8, t_{\frac{\alpha}{2}}(8) = 2.31$

$$y_c \pm tS_y \sqrt{\dfrac{1}{n} + \dfrac{(x-\bar{x})^2}{\sum x^2 - \dfrac{(\sum x)^2}{n}}}$$

$$= 105.46 \pm 2.31 \times 20.82 \times \sqrt{\dfrac{1}{10} + \dfrac{(4-4.5)^2}{217 - \dfrac{(45)^2}{10}}}$$

$$= 105.46 \pm 16.4677 \quad [88.99, 121.93]$$

表明 4 口之家每周平均食物消费额在 88.99～121.93 元的概率是 95%。

$$y_c \pm tS_y \sqrt{1 + \dfrac{1}{n} + \dfrac{(x-\bar{x})^2}{\sum x^2 - \dfrac{(\sum x)^2}{n}}}$$

$$= 105.46 \pm 2.31 \times 20.82 \times \sqrt{1 + \dfrac{1}{10} + \dfrac{(4-4.5)^2}{217 - \dfrac{(45)^2}{10}}}$$

$$= 105.46 \pm 50.8354 \quad [54.62, 156.30]$$

即：一个个别四口之家每周的食物消费额在 54.62～156.30 元之间的概率为 95%。

6. 解：

因为 $\sigma_y = \dfrac{1}{2}\sigma_x, \quad S_y = \dfrac{1}{2}\sigma_y$

所以 $\sigma_x = 2\sigma_y \quad \sigma_y = 2S_y$

有 $r = \sqrt{1 - \left(\dfrac{S_y}{\sigma_y}\right)^2} = \sqrt{1 - \left(\dfrac{S_y}{2S_y}\right)^2} = \sqrt{1 - \dfrac{1}{4}}$

$$=\sqrt{\frac{3}{4}}=0.8660$$

所以 $b=r \cdot \frac{\sigma_y}{\sigma_x}=0.8660 \cdot \frac{\sigma_y}{2\sigma_y}=0.433$

7. 解：

依题意：$r=0.8 \quad \sigma_y=2\sigma_x \quad \bar{x}=20 \quad \bar{y}=50$

所以 $b=r\frac{\sigma_y}{\sigma_x}=0.8\left(\frac{2\sigma_x}{\sigma_x}\right)=1.6$

$$a=\bar{y}-b\bar{x}=50-1.6(20)=18$$

所以所求回归方程为 $y_c=18+1.6x$

8. 解：

列表计算如下：

序 号	x	y(千元)	x^2	y^2	xy
1	4	5	16	25	20
2	7	12	49	144	84
3	3	4	9	16	12
4	6	8	36	64	48
5	10	11	100	121	110
合 计	30	40	210	370	274

(1) $r=\dfrac{n\sum xy-\sum x\sum y}{\sqrt{n\sum x^2-(\sum x)^2}\sqrt{n\sum y^2-(\sum y)^2}}$

$=\dfrac{5\times 274-30\times 40}{\sqrt{[5\times 210-(30)^2][5\times 370-(40)^2]}}=0.8778$

$r^2=(0.8778)^2=0.771$

(2) $b=1.133$, $a=1.2$

$$S_y=\sqrt{\frac{\sum y^2-a\sum y-b\sum xy}{n-2}}=\sqrt{\frac{370-1.2\times40-1.133\times274}{5-2}}$$

$$=1.96$$

9. 解：

列表计算如下：

序 号	x	y	x^2	y^2	xy
1	10	60	100	3 600	600
2	6	72	36	5 184	432
3	8	70	64	4 900	560
4	9	56	81	3 136	504
5	12	55	144	3 025	660
6	11	57	121	3 249	627
7	9	57	81	3 249	513
8	10	53	100	2 809	530
9	12	54	144	2 916	648
10	7	70	49	4 900	490
合 计	94	604	920	36 968	5 564

(1) $r=\dfrac{n\sum xy-\sum x\sum y}{\sqrt{[n\sum x^2-(\sum x)^2][n\sum y^2-(\sum y)^2]}}$

$=\dfrac{10\times5\,564-94\times604}{\sqrt{[10\times920-(94)^2][10\times36\,968-(604)^2]}}=-0.8538$

价格与需求量之间为高度负相关。

(2) $b=\dfrac{n\sum xy-\sum x\sum y}{n\sum x^2-(\sum x)^2}=\dfrac{10\times5\,564-94\times604}{10\times920-(94)^2}=-3.1209$

$a=\bar{y}-b\bar{x}=\dfrac{604}{10}-(-3.1209)\times\dfrac{94}{10}=89.74$

所以 $y_c=89.74-3.1209x$

回归系数 b 表示，价格每增加 1 元，需求量平均下降 3 件左右。

(3) $r^2 = (-0.8538)^2 = 0.7289$

判定系数 0.7289 表示两个变量之间有较强的线性关系，需求量的变动原因约有 73% 可由价格因素解释。

$$S_y = \sqrt{\frac{\sum y^2 - a\sum y - b\sum xy}{n-2}}$$

$$= \sqrt{\frac{36\,968 - 89.74 \times 604 - (3.1209) \times 5\,564}{10-2}} = 4.0269 (件)$$

S_y 较小，说明回归直线拟合较好。

10. 解：

(1) 因为 $\sum(y-\bar{y})^2 = \sum(y-y_c)^2 + \sum(y_c-\bar{y})^2$

所以 $\sum(y-y_c)^2 = \sum(y-\bar{y})^2 - \sum(y_c-\bar{y})^2$

$$= L_{yy} - \sum(a+bx-a-b\bar{x})^2$$
$$= L_{yy} - b^2\sum(x-\bar{x})^2$$
$$= L_{yy} - b^2 L_{xx} = L_{yy} - \frac{(L_{xy})^2}{(L_{xx})^2}L_{xx}$$
$$= L_{yy} - r^2 L_{yy} = L_{yy}(1-r^2)$$

又因为 $S_y = \sqrt{\frac{\sum(y-y_c)^2}{n}}$

所以 $S_y = \sqrt{\frac{L_{yy}(1-r^2)}{n}} = \sqrt{\frac{\sum(y-\bar{y})^2}{n}(1-r^2)}$

$$= \sqrt{\sigma_y^2(1-r^2)} = \sigma_y\sqrt{1-r^2}$$

(2) 由(1)得 $S_y^2 = \sigma_y^2(1-r^2)$

因为 $\sigma_y^2 r^2 = \sigma_y^2 - S_y^2$

所以 $r^2 = \frac{\sigma_y^2 - S_y^2}{\sigma_y^2} = 1 - \frac{S_y^2}{\sigma_y^2}$

所以 $r = \sqrt{1-\frac{S_y^2}{\sigma_y^2}}$

11. 解：

(1) 列表计算如下：

编号	学科总成绩 y	每天用功时间 x_1	学生年龄 x_2	x_1^2	x_2^2
1	550	3.2	22	10.24	484
2	570	2.7	27	7.29	729
3	525	2.5	24	6.25	576
4	670	3.4	28	11.56	784
5	490	2.2	23	4.84	529
合计	2805	14	124	40.18	3102

编号	$x_1 x_2$	$x_1 y$	$x_2 y$	y_c	$(y-y_c)^2$	$(y-\bar{y})^2$
1	70.4	1760	12100	555.298	28.07	121
2	72.9	1539	15390	584.128	199.60	81
3	60	1312.5	12600	523.01	3.96	1296
4	95.2	2278	18760	660.006	99.88	11881
5	50.6	1078	11270	482.188	61.03	5041
合计	349.1	7967.5	70120	2804.63	392.54	18420

建立方程组

$$\begin{cases} 2805 = 5a + b_1 \times 14 + b_2 \times 124 \\ 7967.5 = 14a + b_1 \times 40.18 + b_2 \times 349.1 \\ 70120 = 124a + b_1 \times 349.1 + b_2 \times 3102 \end{cases}$$

解联立方程得

$$a = -44.81 \quad b_1 = 87.64 \quad b_2 = 14.53$$
$$y_c = -44.81 + 87.64 x_1 + 14.53 x_2$$

(2) $y_c = -44.81 + 87.64 \times 3 + 14.53 \times 25 = 581.36$

(3) $R = \sqrt{1 - \dfrac{\sum(y-y_c)^2}{\sum(y-\bar{y})^2}} = \sqrt{1 - \dfrac{392.54}{18420}}$

$= 0.99$

计算结果表明,学科总成绩与学生每天用功时间及学生年龄之间存在着高度正复相关关系。

(4) $S_y = \sqrt{\dfrac{\sum(y-y_c)^2}{n-m-1}} = \sqrt{\dfrac{392.54}{5-2-1}}$
$= 14.01$

(5) 假设 $H_0: \beta_1 = 0, \beta_2 = 0$
$H_1: \beta_1 \neq 0, \beta_2 \neq 0$
$SSE = \sum(y-y_c)^2 = 392.54$
$SSR = \sum(y-\bar{y})^2 - \sum(y-y_c)^2$
$= 18\,027.46$
$F_{0.05}(2,2) = 19.00$

$F = \dfrac{SSR/m}{SSE/n-m-1} = \dfrac{18\,027.46/2}{392.54/2} = 45.93 > F_{0.05}(2,2)$

故拒绝原假设,表明每天用功时间与学生年龄中至少有一个因素会影响学科总成绩。

第九章 时间数列

一、填空题

1. 绝对数时间数列　相对数时间数列　平均数时间数列
2. 平均发展水平　序时平均数
3. 时间　指标数值
4. 水平法(几何平均法)　累计法(方程法)
5. 平均增长速度＝平均发展速度－1(或100％)
6. $\bar{c} = \dfrac{\bar{a}}{\bar{b}}$
7. 长期趋势　季节变动　循环变动　不规则变动
8. 随手画线法　移动平均法　最小平方法
9. 奇数项
10. 首　中间　斜率　截距　相等

二、判断题

1. × 2. × 3. × 4. √ 5. √ 6. × 7. √ 8. ×
9. × 10. ×

三、单项选择题

1. B 2. C 3. D 4. A 5. C 6. B 7. B 8. B 9. B 10. C

四、多项选择题

1. BCD 2. ACE 3. ABE 4. ABD 5. BC

五、名词解释

1. 时间数列是指将某一现象在时间上发展变化的一系列数量表现,按时间先后顺序排列而形成的一个动态数列。

2. 平均发展水平是指时间数列中各时期或各时点上的发展水平的平均数。

3. 增长速度是说明某种社会经济现象增长程度的相对指标。

4. 平均发展速度是指环比发展速度的序时平均数。

5. 长期趋势是指时间数列中某种经济现象在某一个较长的时期内持续发展变化的总的方向性趋势。

6. 季节变动是指一年以内的有一定周期规律的季节性变化。

7. 循环变动是指围绕着长期趋势出现的,具有一定循环周期的波动。

六、简答题

1. 时间数列是指将某一现象在时间上发展变化的一系列数量表现,按时间先后顺序排列而形成的一个动态数列。时间数列按照指标的性质不同,分为绝对数时间数列、相对数时间数列和平均数时间数列。

绝对数时间数列是指一些列同类的绝对数指标,按时间先后顺序排列而形成的时间数列。

相对数时间数列是指一些列同类的相对数指标,按时间先后顺序排列而形成的时间数列。

平均数时间数列是指一些列同类的平均数指标,按时间先后顺序排列而形成的时间数列。

2. 时期数列的特点是:① 数列中各指标数值相加具有一定的经济意义。② 数列中每个指标数值的大小与指标所属的时期长短有关。③ 数列中每个指标数值通常是通过连续不断地登记取得的。

时点数列的特点是:① 数列中各个指标数值相加不具有经济意义。② 数列中每个指标数值大小与时间间隔长短无关。③ 数列中各个指标数值通常是通过定期登记取得的。

3. 序时平均数与一般平均数都是把现象的数量差异抽象化,概括地反映现象的一般水平。两者的不同点为:① 序时平均数是从动态上反映现象在某一段时间内的一般水平,而一般平均数是从静态上反映现象在同一时期不同单位之间的一般水平。② 序时平均数是根据时间数列计算的,而一般平均数是根据变量数列计算的。

4. 逐期增长量是报告期水平减去前一期水平的差额;累积增长量是报告期水平减去某一固定时期水平的差额。两者的关系为:各个逐期增长量之和等于相应的累积增长量,两个累积增长量之差等于相应的逐期增长量。

5. 环比发展速度是指报告期水平与前一期水平之比;定基发展速度是报告期水平与某一固定基期水平之比。两者的关系为:定基发展速度等于相应的各个环比发展速度的连乘积;两个相邻的定基发展速度之商等于相应的环比发展速度。

6. 社会经济现象由于客观条件、技术等因素的影响,发展速度会呈现出不均衡性。这就要观察社会经济现象总体在一个相当长的时期内发展、变化的方向、趋势及其变动的规律性。同时,有些因素是长期起作用,有些因素只是短期或偶然起作用,排除短期或偶然因素的影响就可以研究现象变动的总趋势。因此,研究长期趋势具有重要意义。研究现象长期趋势的主要方法有:随手画线法、移动平均法和最小二乘法。

7. 为排除短期、偶然因素的影响,研究现象变动的总趋势,有必要对原来的动态数列进行修匀,以进行现象发展长期趋势的测定。修匀的方法有时距扩大法和移动平均法等。而移动平均法最常用,应用移动平均法应注意以下几个问题:① 应用移动平均数修匀时间数列关键在于确定移动项数,一般以现象变动周期长度为准。② 注意奇数项移动平均的应用。③ 运用移动平均法后,使原数列缩短。

8. 在考虑长期趋势下,先剔除长期趋势,再测定季节变动。其步骤为:

(1) 用移动平均法求长期趋势。

(2) 将实际资料除以趋势值,以消除长期趋势影响。

(3) 将消除长期趋势的资料按月排列,按月计算季节比率。

(4) 若季节比率之和不等于1 200%,用调整系数将其调整为1 200%。

七、计算题

1. 解:

$$\bar{a} = \frac{\frac{a_1+a_2}{2}f_1 + \frac{a_2+a_3}{2}f_2 + \cdots + \frac{a_{n-1}+a_n}{2}f_{n-1}}{f_1+f_2+\cdots+f_n}$$

$$\bar{a} = \frac{\frac{22+19}{2} \times 1 + \frac{19+20}{2} \times 1 + \frac{20+24}{2} \times 1 + \frac{24+25}{2} \times 2}{12}$$

$$+ \frac{\frac{25+26}{2} \times 2 + \frac{26+26}{2} \times 2 + \frac{26+28}{2} \times 3}{12}$$

$$= 24.58(万人)$$

2000年月平均人数为约 24.58 万人/月。

2. 解：

(1)、(2)计算见表如下：

单位：万元

	1月	2月	3月	4月	5月	6月	7月
月初库存	500	510	514	526	(540)	(558)	(570)
月平均库存	(505)	(512)	(520)	533	549	564	577

(3) 第一季度月平均库存 $= \dfrac{\dfrac{a_1}{2}+a_2+\cdots+\dfrac{a_n}{2}}{n-1}$

$= \dfrac{\dfrac{500}{2}+510+514+\dfrac{526}{2}}{3} = 512.33$（万元）

或 $= \dfrac{505+512+520}{3} = 512.33$（万元）

第二季度月平均库存 $= \dfrac{\dfrac{a_1}{2}+a_2+\cdots+\dfrac{a_n}{2}}{n-1}$

$= \dfrac{\dfrac{526}{2}+540+558+\dfrac{570}{2}}{3} = 548.67$（万元）

或 $= \dfrac{533+549+564}{3} = 548.67$（万元）

上半年月平均库存 $= \dfrac{\dfrac{a_1}{2}+a_2+\cdots+\dfrac{a_n}{2}}{n-1}$

$= \dfrac{\dfrac{500}{2}+510+514+526+540+558+\dfrac{570}{2}}{6}$

$= 530.5$（万元）

或 $= \dfrac{505+512+520+533+549+564}{6}$

$= 530.5$（万元）

3. 解：

（1）第一季度平均完成计划程度 $= \dfrac{50+61.2+83.2}{\dfrac{50}{1.00}+\dfrac{61.2}{1.02}+\dfrac{83.2}{1.04}}$

$= \dfrac{194.4}{190} = 102.32\%$

故第一季度月平均超额完成计划 2.32%。

（2）110%×112%×118%＝145.38%

故 3 年来共增加学生 45.38%。

（3）第一季度月平均人数 $= \dfrac{180+210+220}{3} = 203.33$（人）≈203（人）

4. 解：

$$1 月份平均工人数 = \dfrac{200\,000}{2\,000} = 100（人）$$

$$2 月份平均工人数 = \dfrac{224\,400}{2\,200} = 102（人）$$

$$3 月份平均工人数 = \dfrac{241\,500}{2\,300} = 105（人）$$

（1）第一季度月平均劳动生产率 $= \dfrac{20+22.44+24.15/3}{100+102+105/3} = \dfrac{66.59}{307}$

$= 0.216906$（万元/人）

$= 2\,169.06$（元/人）

（2）第一季度劳动生产率＝2 169.06×3＝6 507.18（元/人）

5. 解：

（1）$\bar{x} = \sqrt[n]{R} = \sqrt[5]{2.37} = 1.188$

每年平均增长 18.8% 才能达到目标。

（2）$\bar{x} = \sqrt[3]{\dfrac{2.37}{1.55}} = 115.2\%$

以后 3 年每年平均应增长 15.2% 才能完成任务。

6. 解：

$$\bar{x} = \sqrt[10]{(1-20\%)(1-80\%)} = \sqrt[10]{0.16} = 83.3\%$$

83.3%－100%＝－16.7%

该种药品价格15年平均下降速度为16.7%。

7. 解：

(1) 甲地区的平均发展速度 $=\sqrt[n]{\dfrac{a_n}{a_0}}=\sqrt[4]{\dfrac{8\,716}{4\,567}}=117.5\%$

甲地区的平均增长速度 $=117.5\%-100\%=17.5\%$

乙地区的平均发展速度 $=\sqrt[n]{\dfrac{a_n}{a_0}}=\sqrt[4]{\dfrac{51\,900}{40\,044}}=106.7\%$

乙地区的平均增长速度 $=106.7\%-100\%=6.7\%$

(2) 甲地区赶上乙地区的时间：

$$8\,716(1.175)^n=51\,900(1.067)^n$$

$$\dfrac{(1.175)^n}{(1.067)^n}=\dfrac{51\,900}{8\,716}=5.9546$$

$$n\lg(1.175)-n\lg(1.067)=\lg 5.9546$$

$$n=\dfrac{\lg 5.9546}{\lg 1.175-\lg 1.067}=\dfrac{0.7749}{0.07-0.028}=18.5(年)$$

(3) 乙地区15年后的产量：

$$a_{2011}=(1.067)^{15}(51\,900)=137\,288(吨)$$

甲地区在15年后赶上乙地区的每年平均发展速度为：

$$\bar{x}=\sqrt[15]{\dfrac{137\,288}{8\,716}}=120.2\%$$

8. 解：

(1) $\bar{x}=\sqrt[10]{2}=107.2\%$

平均增长速度为7.2%

(2) $\bar{x}=\sqrt[8]{\dfrac{2}{(1.05)^2}}=107.7\%$

(3) $\bar{x}=\sqrt[8]{2}=109.1\%$

9. 解：

计算结果见下表：

计量单位：万元

年份	发展水平	增长量		发展速度(%)		增长速度(%)		增长1%绝对值	平均发展水平	平均发展速度(%)	平均增减速度(%)	平均增减量
		逐期	累积	环比	定基	环比	定基					
1998	11.2	—	—	—	100	—	100	—	—	—	—	—
1999	15	3.8	3.8	133.9	133.9	33.9	33.9	0.11	13.1	133.9	33.9	3.8
2000	18	3	6.8	120	160.7	20	60.7	0.15	14.7	126.8	26.8	3.4
2001	18.8	0.8	7.6	104.4	167.9	4.4	67.9	0.18	15.75	118.92	18.92	2.5
2002	19.6	0.8	8.4	104.3	175	4.3	75	0.19	16.5	115.0	15	2.1
合计	82.6	8.4	—	—	—	—	—	—	—	—	—	—

(1) 设 1999 年产值为 x，2000 年产值为 $x+3$，有：

$$\frac{x+3}{x} = 1.2$$

(2) $\begin{cases} \dfrac{a_1+15+18+a_4}{4} = 15.75 \qquad a_1 = 11.2 \\ \sqrt[3]{\dfrac{a_4}{a_1}} = 1.1892 \qquad a_4 = 18.8 \end{cases}$

(3) $\dfrac{a_5}{11.2} = 1.75 \qquad a_5 = 19.6$

(4) 平均发展速度 $= \sqrt[n]{\dfrac{a_n}{a_0}}$

(5) 平均增减速度 = 平均发展速度 - 100%

(6) 平均增减量 $= \dfrac{\text{逐期增长量之和}}{n-1}$

10. 解：

计算结果见下表：

年份＼月份	1月	2月	3月	4月	5月	6月	7月	8月	9月	10月	11月	12月	合计
2000	172	162	138	120	15	13	14	111	180	190	182	185	1 482
2001	165	170	140	128	17	14	15	113	196	248	234	210	1 650
2002	181	184	145	145	19	15	16	115	194	261	244	223	1 742
合计	518	516	423	393	51	42	45	339	570	699	660	618	4 874
月平均数	172.7	172	141	131	17	14	15	113	190	233	220	206	1 354
季节比率(%)	127.5	127.0	104.1	96.8	12.6	10.3	11.1	83.5	140.3	172.1	162.5	152.1	100

计算结果表明毛线销售量的旺季为1～2月份，9～12月份，淡季在3～9月份。

11. 解：

列表计算如下：

年 度	销售额(万元)y	t	t^2	ty
1998	7	0	0	0
1999	10	1	1	10
2000	9	2	4	18
2001	11	3	9	33
2002	13	4	16	52
Σ	50	10	30	113

(1) $b = \dfrac{n\sum ty - \sum t \sum y}{n \sum t^2 - (\sum t)^2} = \dfrac{5(113) - 50(10)}{5(30) - (10)^2} = 1.3$

$a = \bar{y} - bt = \dfrac{50}{5} - 1.3\left(\dfrac{10}{5}\right) = 7.4$

所以 $y_c = 7.4 + 1.30t$ （其中1.30表明销售额平均每年增加1.3万元）

(2) 1989年 $t=2$　则1994年 $t=7$　将其代入方程式中：
$$y_c=a+bt=7.4+1.3(7)=16.5(万元)$$

第十章　统计指数

一、填空题
1. 数量指标指数　质量指标指数
2. 综合指数　平均数指数
3. 基期　报告期
4. 加权算术平均数指数　加权调和平均数指数
5. $\dfrac{\sum P_0 Q_1}{\sum P_0 Q_0}$　$\dfrac{\sum P_1 Q_1}{\sum P_1 Q_0}$

二、判断题
1. ×　2. √　3. ×　4. √　5. √　6. √　7. ×　8. ×　9. ×　10. √

三、单项选择题
1. B　2. B　3. D　4. C　5. C　6. C　7. B　8. A　9. A　10. D

四、多项选择题
1. ABC　2. ACD　3. ABCDE　4. AC　5. ABCD

五、名词解释
1. 总指数是表明复杂社会经济现象总体综合变动的相对数。

2. 综合指数是编制总指数的基本形式之一,它是由两个总量指标对比而得到的指数。

3. 将不能直接加总和对比的现象加进一个因素使其能够加总,加进的因素称同度量因素。

4. 平均数指数是对个体指数进行加权平均计算的总指数,是总指数编制方法之一。

5. 指数体系是指三个或三个以上的具有内在联系的统计指数所构成的有机整体。

六、简答题

1. 统计指数具有以下特点:

第一,统计指数是一种比较方法,运用于现象总体的综合数量在不同时间或不同空间的综合对比。

第二,统计指数是综合比较的方法,运用于复杂社会经济现象总体的综合比较,而不是简单现象之间的比较。

第三,统计指数是平均的数字。

第四,统计指数是一个代表值。

2. 综合指数具有以下特点:

第一,先综合后对比。在编制综合指数时,首先应解决复杂社会经济现象总体中各个个别事物由于使用价值和度量单位不同不能直接加总和对比的问题。

第二,必须将同度量因素加以固定。在编制综合指数时,必须将同度量因素加以固定才能测定所要研究现象的综合变动。

第三,综合指数的分子、分母在所研究对象的范围上必须保持一致,并以全面统计资料作为研究基础。

3. 编制综合指数的一般原则是:编制数量指标综合指数时,应采用基期质量指标作为同度量因素;编制质量指标综合指数时,应采用报告期数量指标作为同度量因素。

4. 平均数指数与综合指数的联系表现在以平均数指数作为综合指数变形使用时,两种指数计算公式可以互为推导,即可以用综合指数的公式推导出平均数指数的公式。它们的区别是:

第一,综合指数是从社会经济现象总体的总量出发,找出同度量因素,将不能直接加总的现象过渡到可以加总对比,以观察现象的综合变动方向和程度,而平均数指数是从个体指数出发,对总体中个别事物的个体指数进行加权平均以观察个体指数的平均变化。

第二,综合指数的编制要求使用全面调查资料,平均数指数既可以使用全面调查资料,也可以使用非全面调查资料编制,而使用非全面调查资料编制平均数指数更为广泛。

第三,综合指数的编制,要求使用实际指标作为权数,而平均数指数既可以用实际总量指标作为权数,也可以用比重作为权数;在权数无法取得或无法确定时,可以编制经验权数。

5. 编制平均数指数的统计资料应具备准确性、代表性、充分性和可比性四个条件。

第一,统计资料的准确性。要求对统计调查资料要有确定而严密的定义,而且对统计调查过程中的一些重要细节确定严格的标准。

第二,统计资料的代表性。统计指数编制一般采用样本资料,必须确保样本的代表性,抽样时应遵守两个原则:一是样本中的每一种类型资料与所代表的实际全面资料在性质上应该保持一致;二是样本的各种类型资料之间在性质上应该存在着显著的差异。

第三,统计资料的充分性。即编制统计指数所采用的样本容量必须足够大。

第四,统计资料的可比性。指统计指标的定义、口径和计量方法都保持一致。

七、计算题

1. 解:

(1) $K_\text{甲} = \dfrac{P_1}{P_0} = \dfrac{9}{10} = 90\%$ $\qquad K_\text{乙} = \dfrac{P_1}{P_0} = \dfrac{20}{15} = 133.33\%$

$K_\text{丙} = \dfrac{P_1}{P_0} = \dfrac{20}{18} = 111.11\%$

(2) $\overline{K}_P = \frac{\sum P_1 Q_1}{\sum P_0 Q_1} = \frac{9 \times 1\,500 + 20 \times 2\,000 + 20 \times 1\,500}{10 \times 1\,500 + 15 \times 2\,000 + 18 \times 1\,500}$

$\qquad = 115.97\%$

$\sum P_1 Q_1 - \sum P_0 Q_1 = 83\,500 - 72\,000 = 11\,500(元)$

2. 解：

(1) $K_甲 = \frac{Q_1}{Q_0} = \frac{1\,000}{800} = 125\%$ $\qquad K_乙 = \frac{Q_1}{Q_0} = \frac{180}{200} = 90\%$

(2) $\overline{K}_Q = \frac{\sum Q_1 P_0}{\sum Q_0 P_0} = \frac{1\,000 \times 20 + 180 \times 15}{800 \times 20 + 200 \times 15}$

$\qquad = 119.47\%$

$\sum Q_1 P_0 - \sum Q_0 P_0 = 22\,700 - 19\,000 = 3\,700(元)$

3. 解：

$$\overline{K}_P = \frac{\sum P_1 Q_1}{\sum \frac{P_1 Q_1}{K_P}} = \frac{20 + 50}{\frac{20}{1.08} + \frac{50}{0.99}} = 101.41\%$$

4. 解：

$$\overline{K}_Q = \frac{\sum K_Q Q_0 P_0}{\sum Q_0 P_0} = \frac{1.05 \times 80 + 1.03 \times 100}{80 + 100} = 103.89\%$$

5. 解：

(1) 相对数

$$\frac{\sum P_1 Q_1}{\sum P_0 Q_0} = \frac{\sum P_0 Q_1}{\sum P_0 Q_0} \times \frac{\sum P_1 Q_1}{\sum P_0 Q_1}$$

$$\frac{508\,500}{450\,000} = \frac{495\,000}{450\,000} \times \frac{508\,500}{495\,000}$$

$$113\% = 110\% \times 102.73\%$$

(2) 绝对数

$(\sum P_1 Q_1 - \sum P_0 Q_0) = (\sum P_0 Q_1 - \sum P_0 Q_0) + (\sum P_1 Q_1 - \sum P_0 Q_1)$

$(508\,500 - 450\,000) = (495\,000 - 450\,000) + (508\,500 - 495\,000)$

$$58\,500 = 45\,000 + 13\,500$$

6. 解:

$$\frac{\sum P_1 Q_1}{\sum P_0 Q_0} = \frac{\sum P_1 Q_1}{\sum \frac{P_1 Q_1}{K_P}} \times \frac{\sum \frac{P_1 Q_1}{K_P}}{\sum P_0 Q_0}$$

$$\frac{165}{152} = \frac{165}{164.29} \times \frac{164.29}{152}$$

$$108.55\% = 100.43\% \times 108.09\%$$

7. 解:

(1) 粮食价格指数

$$\overline{K} = \frac{\sum KW}{\sum W} = \frac{1 \times 98\% + 1 \times 2\%}{98\% + 2\%} = 100\%$$

(2) 副食品价格指数

$$\overline{K} = \frac{\sum KW}{\sum W}$$

$$= \frac{1.061 \times 6\% + 1 \times 2\% + 0.967 \times 17\% + 1.017 \times 4\% + }{6\% + 2\% + 17\% + 4\% +}$$

$$\frac{+1.227 \times 38\% + 1.402 \times 21\% + 0.986 \times 5\% + 1 \times 7\%}{+38\% + 21\% + 5\% + 7\%}$$

$$= 116.87\%$$

食品类价格指数

$$\overline{K} = \frac{\sum KW}{\sum W}$$

$$= \frac{1 \times 25\% + 1.1687 \times 48\% + 1.023 \times 13\% + 1.081 \times 14\%}{25\% + 48\% + 13\% + 14\%}$$

$$= 109.53\%$$

(3) 零售商品价格指数

$$\overline{K} = \frac{\sum KW}{\sum W}$$

$$= \frac{1.0953 \times 61\% + 0.999 \times 21\% + 1.007 \times 10\% +}{61\% + 21\% + 10\% +}$$

$$\frac{+0.98 \times 3\% + 1.002 \times 3\% + 1 \times 2\%}{+3\% + 3\% + 2\%} = 105.81\%$$

8. 解：

职工平均工资指数＝工资总额指数÷职工人数指数

$$=110\% \div 105\% = 104.76\%$$

职工平均工资增长 4.76%。

第十一章 统 计 实 务

一、填空题

1. 基层表 综合表
2. 机构单位 基层单位
3. 统一性 强制性 稳定性
4. 常住单位 社会最终产品
5. 出口 进口

二、判断题

1. × 2. √ 3. √ 4. × 5. × 6. √ 7. × 8. × 9. × 10. √

三、单项选择题

1. D 2. A 3. B 4. A 5. C 6. B 7. A 8. C 9. B 10. B

四、多项选择题

1. ABC 2. ACDE 3. ADE 4. BCDE 5. CD

五、名词解释

1. 原始记录是基层企业、行政事业单位采用一定的表格形式对本单位的生产经营活动具体发生时所作的第一手记录。

2. 机构单位是指拥有资产、承担负债、从事经济活动并能与其他单位进行交易的经济实体。

3. 统计分类标准化是指国家对某些重要的、复杂的统计分组体系制定、发布和实施统一的标准,实行标准化管理。

4. 常住单位是指在一国经济领土上具有经济利益中心的经济单位。

5. 总消费是指一定时期内最终用于居民消费和社会消费的货物和服务价值。

六、简答题

1. 统计报表资料集中汇总方式的优点是:在电子计算机汇总的条件下,能够提高统计资料的准确性和时效性;可以进行各种交叉分组,提高统计资料的利用率。缺点是:对原始资料的差错不容易发现和纠正;汇总的结果不能及时满足下级部门对统计资料的需要。

2. 基层单位是指位于一个地点、从事一种或主要从事一种社会经济活动的单位。它必须同时具备三个条件:

第一,在一个场所,从事一种或主要从事一种社会经济活动;

第二,相对独立组织生产经营或业务活动;

第三,能够掌握收入和支出等核算资料。

3. 基本单位调查的主要内容有:

一是反映基本单位的基本信息,包括单位代码、名称、法定代表人、单位所在地和通讯号码等。

二是反映基本单位的主要属性,包括行业类别、经济类型、隶属关系、主管部门、企事业机关划分等。

三是反映基本单位的基本经济活动情况,包括正式开业时间、营业状态、从业人员数、企业实收资本、生产经营用固定资产、营业收入等。

四是反映基本单位的其他信息，包括机构单位所执行的会计制度种类、产业活动单位数和产业活动单位归属的法人等。

中间投入是一定时期内生产单位在全部生产活动中消耗的所有货物和服务的价值，也称为中间消耗。计入中间投入的货物和服务的价值，必须具备两个条件：第一，它必须是在与总产出相对应的生产过程中消耗的货物和服务；第二，本期消耗的货物必须是不属于固定资产的非耐用品。

5. 国民生产总值是指一个国家或地区在一定时期内国内生产总值与来自国外的净要素收入之和，反映了一个国家或地区常住单位原始收入的总和。国民生产总值的计算公式为：

$$国民生产总值 = 国内生产总值 + 来自国外的要素收入 - 国外从本国获得的要素收入$$

七、计算题

1. 解：

总产值 $= 600 + 10 + (400 - 350 + 10 - 20) = 650$（万元）

2. 解：

（1）总产值 $= 100 - 65 - 2 = 33$（万元）

（2）总产值 $= (20 - 2) + 5 + 10 = 33$（万元）

3. 解：

（1）生产法

国内生产总值 $= (300 - 180) + (200 - 120) + (250 - 180) + (100 - 60)$
$\qquad\qquad + (200 - 100) + (50 - 30) + (50 - 20)$
$\qquad\qquad + (100 \times 1.1 - 100 \times 0.2)$
$\qquad = 550$（亿元）

（2）收入法

国内生产总值 $= 200 + 150 + (120 - 20) + 100 = 550$（亿元）

4. 解：

计算结果见表如下：

单位：亿元

生　　　产		使　　　用	
总产出	1 000	总消费	(280)
中间消耗	550	居民消费	220
固定资产折旧	120	社会消费	60
劳动者报酬	180	总投资	100
生产税净额	(50)	固定资产投资	60
其中：生产税	80	库存增加	40
补贴	30	净出口	(80)
营业盈余	100	出口	180
		进口	100

生产法：国内生产总值 = 1 000 − 550 = 450(亿元)

收入法：国内生产总值 = 120 + 180 + 50 + 100 = 450(亿元)

支出法：国内生产总值 = 280 + 100 + 80 = 460(亿元)

5. 解：

(1) 国内生产总值 = 400 + 180 + 8 = 588(亿元)

国民生产总值 = 588 − 0.8 = 587.2(亿元)

国民可支配总收入 = 587.2 + 1 = 588.2(亿元)

(2) 国内生产净值 = 588 − 30 = 558(亿元)

国民生产净值 = 587.2 − 30 = 557.2(亿元)

国民可支配净收入 = 588.2 − 30 = 558.2(亿元)

6. 解：

$$\text{固定资产投资效果系数} = \frac{500 \times 0.08}{200 \times 1.1} = 0.18$$

7. 解：

(1) 社会总成本增加值率 $= \dfrac{200 + 150 + 120 + 180}{650} = 1$

(2) 社会总成本利税率 $= \dfrac{120 + 180}{650} = 0.46$

模拟试题(一)

一、单项选择题
1. B 2. C 3. A 4. C 5. A 6. B 7. C 8. C 9. D 10. C

二、多项选择题
1. ABC 2. ABCE 3. AC 4. ABC 5. ABE

三、填空题
1. 一览表
2. 原始资料
3. $\dfrac{\sum x}{n}$
4. 反比
5. 统计报表和统计专门调查

四、简答题

1. 统计指标数值是由总体单位的数量标志值汇总而得,而标志是总体单位特征的反映。要找到总体单位必须先确定总体的范围,在总体范围以内的总体单位,其数量标志值才能汇总成所需的指标,从而才达到对总体的认识。

2. 抽样误差是指按随机原则抽取样本,所得的样本指标和总体指标的离差。抽样误差的产生原因有登记误差和偶然性的代表性误差,其中偶然性的代表性误差也即是抽样误差,它在抽样调查过程中是不可避免的。

全面调查也会产生误差,这种误差往往是由于疏忽、缺漏、重复等造成的登记性误差,这种人为的误差可以尽量减少。因而从产生误差角度看,全面调查少于抽样调查。但从全局观察,抽样调查由于是非全面调查,因而比全面调查更经济,更科学,它排除了主观因素的影响,避免了全面调查由于主客观因素而导致的误差的增大。

五、计算题

1. 解:

(1) $\bar{x} = \dfrac{\sum xf}{\sum f} = 14.86$

(2) $\bar{x}_h = \dfrac{n}{\sum\left(\dfrac{f}{x}\right)} = 14.09$

(3) $\sigma = 3.36$

2. 解:

(1) 各年的环比发展速度依次为:1994 年为 130%,1995 年为 140%,1996 年为 120%,1997 年为 137.36%,1998 年为 166.67%。

(2) 平均增长速度 $= \sqrt[n]{\dfrac{a_n}{a_0}} - 1 = \sqrt[5]{\dfrac{50}{10}} - 1 = 37.97\%$

(3) $\bar{a} = \dfrac{\sum a}{n} = 23.84$(万元)

3. 解:

(1) $\bar{K}_Q = \dfrac{\sum K_Q Q_0 P_0}{\sum Q_0 P_0} = \dfrac{680}{600} = 113.33\%$

(2) $\triangle = 680 - 600 = 80$(万元)

4. 解:

$P = \dfrac{200}{400} = 50\%$

$\mu_p = \sqrt{\dfrac{p(1-p)}{n}} = 0.025$

$\triangle p = t \cdot \mu_p = 2 \times 0.025 = 0.05$

$50\% - 5\% \leqslant P \leqslant 50\% + 5\%$

$45\% \leqslant P \leqslant 55\%$

即该节目收视率范围在 45%～55%之间。

5. 解：
$$r = \frac{n\sum xy - \sum x \sum y}{\sqrt{n\sum x^2 - (\sum x)^2} \sqrt{n\sum y^2 - (\sum y)^2}} = 0.83$$

模拟试题(二)

一、单项选择题
1. B 2. C 3. D 4. B 5. A

二、多项选择题
1. AD 2. BCE 3. BDE 4. AD 5. ABDE

三、判断题
1. × 2. √ 3. √ 4. × 5. √

四、名词解释
1. 在具体时间、地点、条件下，总体综合性的数量特征的反映。

2. 选择一定分组标志，将总体分成若干个组，使组内具有同质性，组间具有差异性。

3. 在总体中占少部分，但其标志值在总体标志总量中占很大部分。

4. 报告期水平和基期水平之比，反映现象发展的动态指标。

五、简答题
1. 同度量作用和权数作用。

2. 这是由抽样法的特点所决定的。① 抽样调查以随机原则为基础抽取部分单位。② 以概率论和数理统计作为抽样估计推算的理论基础。③ 抽样估计的误差可以计算并加以控制。

六、计算题

1. 解：

$$\bar{c} = \frac{\bar{a}}{\bar{b}} = \frac{(125+130+135) \div 3}{\left(\frac{1}{2} \times 600 + 620 + 630 + \frac{1}{2} \times 640\right) \div 3}$$

$$= 0.2086(万元/人)$$

则第三季度平均每月平均每人产值为 2 086 元。

2. 解：

（1） $K_Q = \dfrac{Q_1}{Q_0} = \dfrac{2\,800}{2\,000} = 140\%$

（2） $\bar{K}_Q = \dfrac{\sum Q_1 P_0}{\sum Q_0 P_0} = \dfrac{18\,200}{14\,000} = 130\%$

3. 解：

$$n = \frac{t^2 \sigma^2}{\Delta_{\bar{x}}^2} = \frac{1.96^2 \times 1.5^2}{0.2^2} = 216.09(个)$$

即可抽取 217 个单位进行调查。

4. 解：

$$\bar{x} = \sum x \cdot \frac{f}{\sum f} = 41(件)$$

$$\sigma = \sqrt{\sum (x - \bar{x})^2 \cdot \frac{f}{\sum f}} = 7.35(件)$$

即平均每人日产量 41 件，日产量标准差 7.35 件。

第三部分

《新编统计学原理》教材习题及参考答案

《新编统计学原理》教材习题

第一章 绪 论(无习题)

第二章 统计资料的搜集和整理

习 题

1. 某公司对所属 25 个商业企业 2000 年的全员劳动效率(万元/人)进行调查,得到资料如下:

6.5	9.8	11.3	13.4	15.9
16.8	17.7	18.4	13.6	19.1
19.4	19.7	20.7	21.5	21.8
22.3	23.5	24.1	27.4	28.5
29.3	28.6	29.5	30.1	30.5

要求:根据所给资料编制组距变量数列。

2. 某公司所属 32 个企业计划利润和年报实际利润如下(单位:万元)

企业序号	计划利润	实际利润	企业序号	计划利润	实际利润
1	720	777.6	17	186	203.0
2	232	232.6	18	732	754.0
3	384	307.2	19	32	38.1
4	260	286.0	20	782	920.4
5	200	244.0	21	392	439.0
6	592	621.6	22	3 612	3 323.0
7	192	182.4	23	60	60.0
8	429	419.4	24	392	384.2
9	240	240.0	25	720	590.4
10	3 920	3 998.4	26	2 380	2 713.2
11	288	325.4	27	92	94.8
12	128	137.2	28	34	34.0
13	336	352.8	29	160	147.2
14	220	217.8	30	50	60.0
15	412	440.8	31	19	24.6
16	192	184.3	32	12	13.0

根据上表资料，计算各个企业利润计划完成程度指标（计算公式：利润计划完成程度=实际利润/计划利润），并按计划完成程度分为三组：① 未完成计划。② 完成计划和超额完成计划 10%以内。③ 超额完成计划 10%以上。

要求：编制整理表并根据整理结果编制统计表。

第三章 集中趋势和离散趋势

习 题

1. 某企业职工工资资料如下：

按月工资分组（元）	职工人数（人）
600~700	20
700~800	45
800~900	35
900 以上	10

要求：试用次数权数和比重权数分别计算该企业职工平均工资。

2. 某商场出售某种商品的销售价和销售额如下：

等 级	单价（元/千克）	销售额（元）
一级	20	2 160 000
二级	16	1 152 000
三级	12	720 000

要求：试求该商品的平均销售价格。

3. 某企业工人劳动生产率资料如下：

劳动生产率(件/人)	生产班组	产量(件)
50～60	10	8 250
60～70	8	6 500
70～80	6	5 250
80～90	4	2 550
90以上	2	1 520

要求：试计算该企业工人平均劳动生产率。

4. 已知某企业资料如下：

按计划完成百分比分组(%)	实际产值(万元)
80～90	68
90～100	57
100～110	126
110～120	184

要求：试计算该企业平均计划完成的百分比。

5. 有一家餐馆到三个集贸市场买鱼，这三个集贸市场鱼的价格分别为：6元/千克、5元/千克、4.8元/千克。该餐馆以两种方式购买：第一种是在每个集贸市场各买20千克鱼；第二种是在每个集贸市场各花120元来购买。

要求：(1) 以第一种方式购买时，求每千克鱼的平均价格(要求列出计算公式)。

(2) 以第二种方式购买时，求每千克鱼的平均价格(要求列出计算公式)。

6. 某毛纺厂某年上半年生产情况如下：

毛线等级	毛线产量(千克)		出厂价格(元)
	一季度	二季度	
一级品	600	500	28
二级品	350	400	20
三级品	50	100	15

要求：(1)计算平均等级说明产品质量变化情况。

(2)由于质量变化对该厂总产值的影响。

7. 在过去 5 年中,某国家因受严重通货膨胀的困扰,银行为吸收存款而提高利息率。1～5 年的年利息率分别为 2.5%、4%、6%、10%、12%。

要求：(1)若存入 100 美元,按算术平均数计算平均利率,问:第五年末的实际存款额是多少?

(2)若存入 100 美元,按几何平均数计算平均利率,问:第五年末的实际存款额是多少?

8. 甲、乙两单位人数及月工资资料如下:

月工资(元)	甲单位人数(人)	乙单位人数(人)
400 以下	4	2
400～600	25	18
600～800	84	73
800～1 000	126	103
1 000 以上	28	42

要求：(1)比较甲、乙两单位哪个单位工资水平高?

(2)计算甲、乙两单位的标准差和变异系数,说明哪个单位的平均工资更具有代表性。

9. 某企业产品的成本资料如下:

单位:元

品 种	单位成本	总 成 本	
		2000 年	2001 年
甲	15	2 100	3 225
乙	20	3 000	1 500
丙	30	1 500	1 500

要求：试指出哪一年的总平均单位成本高? 为什么?

10. 设有甲、乙班组工人日产量资料如下:

甲班组		乙班组	
日产量(件)	工人数	日产量(件)	工人数
5	6	8	11
7	10	12	14
9	12	14	7
10	8	15	6
13	4	16	2

要求：试判断甲、乙哪个班组的平均日产量代表性大。

第四章 概率与概率分布

习 题

1. 有一批产品共 100 件，其中有 6 件次品。从这批产品中不重复随机抽取 20 件产品进行质量检验，问这 20 件产品中的次品不超过 3 件的概率是多少？

2. 在 30 只自行车轮胎中有 5 只是坏的，从中不重复随机抽取 3 只，求这 3 只轮胎中有 2 只是坏轮胎的概率。

3. 有甲、乙两台设备生产相同的产品，甲设备生产 12 件，有 3 件次品；乙设备生产 16 件，有 2 件次品。若随机地从这 28 件产品中抽取一件产品检验出是次品，则该产品是甲设备生产的概率是多少？是乙设备生产的概率又是多少？

4. 某班有 50 名学生，期末考试中数学有 5 人不及格，英语有 7 人不及格，有 3 人是英语和数学都不及格。从该班同学中随机抽取一名学生，期末考试有一门课程不及格的概率是多少？

5. 一幢楼有 4 户居民，每户都有一台电冰箱，每台电冰箱在一小时内进行制冷 15 分钟，问在同一单位时间内至少有 3 台电冰箱在进行制冷的概率是多少？

6. 假定男性第一次结婚的平均年龄为 27 岁，标准差为 5 岁，且服从正态分布。则一个男人第一次结婚时的年龄小于 30 岁的概率有多大？一个男人第一次结婚时的年龄在 22～32 岁之间的概率有多大？

7. 某校学生"大学英语四级"考试平均成绩 52 分,标准差 15 分。若随机抽取一名学生,则该学生考试及格(60 分为及格线)的概率是多少?

8. 连续抛掷一枚硬币 10 次,问正面出现 6 次的概率是多少? 若前 6 次出现的都是正面,则抛掷第七次时出现正面的概率是多少?

第五章 抽样估计

习 题

1. 调查一批零件的合格率,根据以往资料合格率为 95%。

要求:如果极限不超过 1%,推断的概率保证程度为 95%,问应抽取多少零件进行检查?

2. 某茶叶公司销售一种名茶,规定每包规格重量不低于 150 克,现抽取 1% 检验,结果如下表:

按每包重量分组(克)	148~149	149~150	150~151	151~152	合 计
包数(包)	10	20	50	20	100

要求:试以 99.73% 的概率。

(1) 评估这批茶叶平均每包重量的范围是否符合规格重量的要求(按重复抽样计算)。

(2) 估计这批茶叶包装的合格率范围。

3. 在 2 000 名工人中,采取重复抽样方式,随机抽取 144 名工人的土方工程进行测算,测量结果为每人的平均工作量为 $5.32m^3$,标准差 $1.5m^3$。

要求:

(1) 以 95% 的概率保证程度($t=1.96$)来推算抽样极限误差。

(2) 根据上述条件,若要求 Δ 不超过 $0.1m^3$,$t=1$,则应抽多少人调查?

4. 某地区组织职工家庭生活抽样调查,已知职工家庭平均每月每人生活费收入的标准差为 11.5 元。

要求:如果可靠程度为 0.9545,极限误差为 1 元,问应抽取多少户进行调查?

5. 在纯随机重复抽样中,抽样单位数增加了1倍或3倍。

要求:

(1) 问平均数的抽样平均误差是如何变化的?

(2) 若抽样单位数减少50%或75%,抽样平均误差又如何变化?

6. 从仓库中随机抽选了200个零件,经检查有40个零件是一级品,又知道抽样数是仓库零件总数的1%。

要求:当把握程度为95.45%时,试估计该仓库这种零件一级品的区间范围。

7. 某洗衣机厂随机抽选100台洗衣机进行质量检验,发现有5台不合格。

要求:

(1) 试计算以68.27%的概率保证程度推断这批洗衣机的合格率。

(2) 若概率保证程度提高到95.45%,则这批洗衣机的合格率将怎样变化?

(3) 由此例说明误差范围与概率度之间的关系。

8. 从以往的调查知道,某产品重量标准差不超过2克。

要求:抽样极限误差不超过0.2克,可靠程度为95.45%,试问需要抽多少个单位?

9. 某高校进行一次英语测验,为了解考试情况,随机抽选1%的学生进行调查,所得资料如下:

考试成绩	60以下	60~70	70~80	80~90	90~100
学生人数	10	20	22	40	8

要求:试以95.45%的可靠性估计:

(1) 该校学生英语考试的平均成绩。

(2) 成绩在80分以上的学生所占的比重。

10. 如果成数方差未知,抽样极限误差不超过2%,概率保证程度为95.45%。

要求:试问在这种情况下,应抽取多少单位?

11. 从某县小麦收获面积中随机抽选100亩,经计算亩产量标准差为40千克。

要求：试计算该县小麦平均亩产在 442.16～457.84 千克之间的概率保证程度是多少？

12. 某厂对新试制的一批产品的使用寿命进行测试，随机抽选 100 个零件，测得其平均寿命为 2 000 小时，标准差为 10 小时。

要求：试计算：

(1) 以 0.6827 的概率，推断其平均寿命的范围。

(2) 如果抽样极限误差减少一半，概率不变，则应该抽查多少个零件？

(3) 如果抽样极限误差减少一半，概率提高到 0.9545，则又应该抽查多少个零件？通过上述条件变化与计算结果，如何理解样本单位数、抽样极限误差、概率度三者之间的关系？

第六章 假 设 检 验

习 题

1. 从一批工业钻石中随机抽样 6 颗，其平均重量为 0.53 克拉，标准差为 0.05 克拉，试问能否认为这一批钻石总体的均值为 0.5（显著水平 $\alpha=0.05$）。

2. 某食品公司生产水果罐头，按标准规定每罐的净重是 245 克，根据以往的经验，标准差是 3 克。现在生产的一批产品中抽取 100 罐进行检验，测得其平均重量为 246 克，在显著水平 $\alpha=0.05$ 的情况下，问该批水果罐头是否合乎标准？

3. 某工厂生产的产品规定，废品率不超过 1% 可以出厂。现从一批产品中随机抽取 80 件，发现有次品 2 件，问在显著水平 $\alpha=0.05$ 的情况下，该批产品能否出厂？

4. 某电工器材厂生产一种云母片，其平均厚度经常保持在 0.13 毫米。某日检查 10 处云母片厚度，发现平均厚度为 0.14 毫米，样本标准差为 0.015 毫米，显著水平在 $\alpha=0.05$ 的情况下，检验该云母片平均厚度与平时相比有无显著差异？

5. 对某地区甲、乙两个零售店的销售额进行抽样调查得到如下资料：

	甲	乙
销售次数	20	18
平均销售额 $\bar{x}$(百元)	170	205
标准差 s(百元)	20	25

问:这两店的销售额是否有显著差异。(显著水平 $\alpha=0.05$)

6. 某企业生产的一种金属线材的折断力服从正态分布,根据以前资料,已知总体标准差为 10 千克,部颁质量标准要求该金属线材的平均折断力不低于 480 千克。该企业从产品中随机抽取 5 个样品,测得平均折断力为 476 千克。能否就此认为该企业产品符合部颁质量标准。(显著水平 $\alpha=0.01$)

7. 某厂生产某型号轴承,按规定轴承标准承载压力为 4 200 千克。标准差为 200 千克。现随机抽取 100 件轴承,经试验结果平均压力为 4 162 千克。要求在 $\alpha=0.05$ 的显著水平下,检验该厂生产的轴承的承载压力与标准压力有无明显差异?

8. 某企业用甲、乙两条生产线生产同一产品。根据经验可证明两条生产线的产量都近似服从正态分布,甲生产线标准差为 7 台,乙生产线标准差为 9 台。后来甲生产线进行了技术改造,其目的是要使甲生产线的日产量比乙生产线多 3 台。为证实这次技术改造的结果,对甲生产线随机抽取 30 天进行观察,得平均日产量为 80 台,对乙生产线随机抽取 25 天进行观察,得平均日产量为 74 台,取 $\alpha=0.05$。

问:甲生产线技术改造后平均日产量是否比乙生产线 3 台。

第七章 相 关 分 析(无习题)

第八章 回 归 分 析

习 题

1. 有 10 个同类企业的生产性固定资产平均原值和总产值资料如下表:

企业编号	生产性固定资产价值(万元) x	工业总产值(万元) y
1	313	524
2	910	1 019
3	200	638
4	409	815
5	415	913
6	502	928
7	314	605
8	1 210	1 516
9	1 022	1 219
10	1 225	1 624

要求:

(1) 计算相关系数。

(2) 建立回归直线方程。

(3) 估计生产性固定资产为1 100万元时的工业总产值。

2. 已知1993~2002年个人消费支出和收入资料如下表:

单位:亿元

年度	个人收入 x	消费支出 y	年度	个人收入 x	消费支出 y
1993	64	56	1998	107	88
1994	70	60	1999	125	102
1995	77	66	2000	143	118
1996	82	70	2001	165	136
1997	92	78	2002	189	155

要求:

(1) 判断二者关系。

(2) 建立直线回归方程。

(3) 若个人收入为213亿元,估计个人消费支出额。

3. 某家具厂生产家具的总成本与木材耗用量有关,其资料为:

月　份	1	2	3	4	5	6	7
木材消耗用量(千米³)	2.4	2.1	2.3	1.9	1.9	2.1	2.4
总成本(千元)	3.1	2.6	2.9	2.7	2.3	3.0	3.2

要求：

(1) 建立以总成本为因变量的回归直线方程。

(2) 计算相关系数，判断相关程度。

4. 抽取由 10 名大学生组织的随机样本，研究他们在高中与大学的英语成绩，得出下表所列结果：

高中成绩	40	60	76	78	80	88	90	95	96	98
大学成绩	50	70	75	83	84	90	92	95	94	96

要求：计算相关系数，并说明相关程度。

5. 某市居民人均月收入与社会商品零售总额资料如下：

年　份	人均月收入(元)	社会商品零售总额(亿元)
1998	200	20
1999	300	30
2000	450	36
2001	550	42
2002	600	50

要求：

(1) 用最小平方法求人均月收入时间数列的直线趋势方程，并据以估计 2005 年的人均月收入。

(2) 以人均月收入为自变量，社会商品零售总额为因变量求直线回归方程。

(3) 根据人均月收入的估计值，推算 2005 年的社会商品零售总额。

6. 随机抽取 10 个城市居民家庭关于收入与食品支出的样本。资料如下：

单位：元

城市编号	1	2	3	4	5	6	7	8	9	10
家庭月收入	200	270	300	320	340	350	360	400	420	450
月食品支出	150	200	200	210	210	220	230	250	250	260

要求:

(1) 计算相关系数。

(2) 当家庭月收入为 380 元,试运用回归分析估计月食品支出为多少元。

(3) 说明回归系数 b 的经济意义。

(4) 计算总变差、回归变差、剩余变差、估计标准误差。

7. 某工业管理局有 10 个同类企业,它们的资料如下:

企业编号	固定资产(万元)	工业总产值(万元)
1	30	50
2	40	80
3	50	90
4	60	95
5	80	105
6	90	110
7	100	120
8	105	120
9	120	145
10	120	150

要求:

(1) 计算相关系数,估计标准误差。

(2) 运用回归分析估计固定资产为 110 万元的企业的工业总产值。

(3) 说明回归系数 b 的经济意义。

8. 某牌号汽车的已使用年限和年修理费用资料如下:

序 号	使用年限(年)	修理费用(百元)
1	0.5	2.0
2	1.0	3.0
3	1.5	4.0
4	2.0	8.0
5	2.5	12.0
6	3.0	20.0
7	3.5	36.0
8	4.0	50.0

要求：
(1) 计算相关系数。
(2) 若某辆汽车已使用5年，试估计年修理费用。
(3) 计算估计标准误差。

第九章 时间数列

习 题

1. 某企业工人人数变动登记如下表：

日　　期	4月1日	4月11日	4月16日	5月1日
工人数（人）	1 210	1 240	1 300	1 270

要求：试计算该企业4月份平均工人数。

2. 某厂上半年总产值及平均每个工人产值资料如下表：

月　　份	1	2	3	4	5	6
总产值（万元）	40	42	44	48.4	49.5	48
平均每个工人产值（元）	4 000	4 200	4 400	4 400	4 500	6 000

要求：试计算该厂二季度平均月劳动生产率和上半年平均月劳动生产率。

3. 某厂第一季度各月实际产值和产值计划完成程度的资料如下表：

时　　间	1月	2月	3月
实际产值（万元）	260	302.4	360
计划完成程度（%）	104	112	120

要求：试计算该企业第一季度平均计划完成程度。

4. 某国对外贸易总额2000年较1997年增长7.9%，2001年较2000年增长4.5%，2002年较2001年增长20%。

要求：请计算1997～2002年平均增长速度。

5. 某企业产量1997年比1996年提高2%，1998年与1997年对比为

95%,1999年是1996年的1.2倍,2000年该企业年产量为25万吨,比1999年多10%,2001年产量达30万吨,2002年产量为37万吨。

要求:试计算:

(1) 各年环比发展速度。

(2) 以1996年为基期的定基发展速度。

(3) 各年产量。

(4) 1996~2002年的年平均发展速度。

6. 某市某生活区有居民1 000户,拥有彩电资料如下:

日　　　期	1月初	5月末	10月初	年　末
彩电(台)	380	400	430	480

要求:试计算该生活区居民平均拥有彩电台数。

7. 某单位上半年工人人数资料如下:

指　　标	1月	2月	3月	4月	5月	6月	7月
月初工人数	400	380	420	420			
月平均人数				431	438	450	452

要求:试计算:(1) 表中所缺数字。

(2) 一季度、二季度、上半年平均人数。

8. 某工业企业资料如下:

指　　标	一季度初	二季度初	三季度初	四季度初	年　末
全部职工人数	2 400	2 460	2 464	2 480	2 500
其中:女性	800	808	810	812	816

要求:试计算该企业女性职工占全部职工的平均比重。

9. 计算填写下表空格中的数字。

指　　标	1997年	1998年	1999年	2000年	2001年	2002年
国民收入(亿元)	100					
逐期增长量		20				
累积增长量			40			
环比发展速度%				105		

续表

指 标	1997年	1998年	1999年	2000年	2001年	2002年
定基发展速度%					160	
环比增长速度%						15
定基增长速度%						

10. 某企业第二季度有关资料如下：

月 份	4月	5月	6月	7月
计划产量(件)	105	105	110	112
实际产量(件)	105	110	115	120
月初工人数(人)	50	50	52	46

要求：试计算：(1) 第二季度平均实际月产量。
(2) 第二季度平均工人数。
(3) 第二季度产量平均计划完成率(%)。
(4) 第二季度平均每人月产量和季产量。

11. 1990年我国人口数为11.3亿人，2000年我国人口数为12.95亿人，试问在这期间我国人口平均增长率为多少？如果按这个人口平均增长速度发展，则2010年末我国人口数将达到多少亿？

12. 某市今年国民收入为8亿元，如果以后平均每年以6%的速度增长，问要经过多少年可达到20亿元？

13. 我国2002年人均国民生产总值为965美元，计划要在2020年达到人均国民生产总值3 000美元。

要求：试计算每年应平均递增百分之几才能达到预期的目的？

14. 某地区1990～1994粮食资料如下：

单位：万吨

年 份	1996	1997	1998	1999	2000
粮食产量	320	332	340	356	380

要求：试用最小平方方法求出直线趋势方程，并预测2001年粮食产量(请

分别用两种方法计算)。

15. 我国1993~2002年进出口贸易总额资料如下:

单位:亿美元

年 份	进出口贸易额	年 份	进出口贸易额
1993	1 958	1998	3 240
1994	2 367	1999	3 607
1995	2 809	2000	4 743
1996	2 899	2001	5 098
1997	3 251	2002	6 208

要求:试用移动平均法编制3年、4年移动平均时间数列。

16. 某公司1997~2000年各月毛线销售量如下:

单位:百千克

时 间	1997	1998	1999	2000
1月	80	150	240	280
2月	60	90	150	140
3月	20	40	60	80
4月	10	25	40	30
5月	6	10	20	12
6月	4	8	11	9
7月	8	12	32	37
8月	12	20	40	48
9月	20	35	70	83
10月	50	85	150	140
11月	210	340	420	470
12月	250	350	480	510

要求:(1) 按月平均法计算季节比率。

(2) 按移动平均法预测2001年各月销售量。

第十章 统计指数

习　题

1. 某厂产品成本资料如下表所示：

产品名称	计量单位	单位成本(元)		产品产量	
		基期	报告期	基期	报告期
甲	件	10	9	1 000	1 100
乙	个	9	9	400	500
丙	米	8	7	700	800

要求计算：(1) 成本个体指数和产量个体指数。

(2) 单位成本指数。

(3) 总成本指数。

2. 某印染厂产量资料如下表所示：

产品名称	上年实际产值 Q_0P_0(万元)	本年实际产值 Q_1P_1(万元)	本年产量比上年产量增长% $Q_1/Q_0-100\%$
甲	200	240	25
乙	450	485	10
丙	350	480	40
合计	1 000	1 205	—

要求：依据上表资料计算加权算术平均数指数以及由于产量增长而增加的产值。

3. 某企业三种产品的单位成本及产量资料如下表所示：

产品名称	计量单位	单位产品成本(元)		产　量	
		基期	报告期	基期	报告期
甲	台	350	320	50	60
乙	吨	180	176	50	50
丙	个	30	30	160	200

要求:根据上表资料,试计算三种产品的总成本指数、成本总指数和产量总指数,并分析由于单位产品和产量变动对产品总成本的影响方向和程度。

4. 某企业三种产品的个体价格指数和销售额资料如下表:

产品名称	计量单位	个体价格指数(%)	销售额(万元)	
			基期	报告期
甲	件	102	50	95
乙	米	95	20	20
丙	千克	100	100	120

要求:试根据上表资料,计算价格总指数和销售量总指数。

第十一章 统 计 实 务(无习题)

《新编统计学原理》教材习题参考答案

第一章 绪 论(无习题)

第二章 统计资料的搜集和整理

1.

按劳动生产率分组(元/人)	企业数(个)
6.5～13.5	4
13.5～20.5	8
20.5～27.5	7
27.5～34.5	6
合 计	25

2.

按计划完成程度分组(%)	企业数(个)	计划利润	实际利润
100 以下	9	6 301	5 755.9
100～110	14	7 696	7 959.8
110 以上	9	4 403	5 050.7
合 计	32	18 400	18 766.4

第三章 集中趋势和离散趋势

1. $\bar{x}=781.82$(元)
2. $\bar{x}=16.8$(元/千克)
3. $\bar{x}=65.76$(件/人)
4. $\bar{x}=103.57\%$
5. (1) $\bar{x}=5.27$(元/千克)
   (2) $\bar{x}=5.22$(元/千克)
6. (1) 第一季度平均等级1.45级,第二季度1.6级。
   (2) 第二季度产品等级下降,造成总产值减少。
7. (1) 69%,445美元
   (2) 65.3%,1 234美元
8. (1) 甲单位:$\bar{x}=811.61$(元)　$\sigma=171.29$(元)　$V_\sigma=0.211$
      乙单位:$\bar{x}=838.16$(元)　$\sigma=175.19$(元)　$V_\sigma=0.209$
   (2) 乙单位平均工资更具有代表性。
9. $\bar{x}_0=19.41$(元)　$\bar{x}_1=18.31$(元)　2000年单位成本高于2001年单位成本。因为单位成本较低的甲产品的产量2001年比2000年有较大幅度的增加。
10. 甲班组:$\bar{x}=85$(件)　$\sigma=2.22$(件)　$V_\sigma=0.26$
    乙班组:$\bar{x}=11.9$(件)　$\sigma=2.69$(件)　$V_\sigma=0.226$
    乙班组平均日产量代表性大。

第四章 概率与概率分布

1. $1-\dfrac{C_{94}^{16} \cdot C_6^4}{C_{100}^{20}}-\dfrac{C_{94}^{15} \cdot C_6^5}{C_{100}^{20}}-\dfrac{C_{94}^{14}}{C_{100}^{20}}=0.986$

2. $\dfrac{C_{25}^1 \cdot C_5^2}{C_{30}^3}=0.062$

3. $\dfrac{3}{5},\dfrac{2}{5}$（或 $0.6, 0.4$）

4. $\dfrac{9}{50}$（或 18%）

5. 0.0508

6. $\begin{cases} P(22<x<30)=F(b)-F(a)=0.7257-0.1587=0.567 \\ P(22<x<32)=0.6286 \end{cases}$

7. 0.2981

8. $0.2051, 0.5$

第五章 抽样估计

1. $n=1825$(个) 应抽取1825个零件进行检查。
2. (1) 平均每包重量范围在[150.04,150.56]之间,符合规格重量要求。
   (2) 合格率范围在[56.2%,83.8%]之间。
3. (1) $\Delta=0.245$
   (2) $n=225$(人) 应抽取225人进行调查。
4. $n=529$(户) 应抽取529户进行调查。
5. (1) 分别为原误差的0.707和0.5倍。
   (2) 分别为原误差的1.414和2倍。
6. 一级品的范围在[2880,5120]个之间。
7. (1) 以68.27%概率估计合格率范围在[92.8%,97.2%]之间。
   (2) 以95.45%概率估计合格率范围在[90.6%,99.4%]之间。
   (3) 概率保证程度愈高,误差范围愈大。
8. $n=400$(个) 应抽取400个单位。
9. (1) 英语考试平均成绩范围在[74.32,78.87]分之间。
   (2) 成绩在80分以上的学生所占的比重在[38%,58%]之间。
10. $n=2500$(个) 应抽取2500个单位。
11. 概率保证程度 $F(t)=95\%$。
12. (1) 产品平均寿命的范围在[1999,2001]小时之间。
    (2) $n=400$(个) 应抽取400个零件。
    (3) $n=1600$(个) 应抽取1600个零件。样本单位数和抽样极限误差呈反比,和概率度呈正比。

第六章 假设检验

1. $t=1.47$ 接受
2. $Z=3.\dot{3}$ 不合乎标准
3. $Z=1.35$ 可出厂
4. $t=2.11$ 无显著差异
5. $t=-4.65$ 有显著差异
6. $Z=0.89$ 符合部颁质量标准
7. $Z\doteq1.9$ 无显著差异
8. $Z=1.36$ 是比乙生产线多三台

第七章 相关分析（无习题）

第八章 回归分析

1. (1) $r=0.9483$
   (2) $y_c=a+bx$ $a=396.35$ $b=0.8953$
   (3) 当 $x=1\,100$(万元)时,$y=1\,381.20$(万元)

2. (1) 两者为直线关系。
   (2) $y_c=4.59+0.79x$
   (3) 当 $x=213$(亿元)时,$y=173.45$(亿元)

3. (1) $y_c=0.19+1.22x$
   (2) $r=0.83$
   两者为高度正相关。

4. (1) $r=0.99$
   两者为高度正相关。

5. (1) 若以时间数列的中间项为原点,有直线趋势方程 $y=420+105x$,并估计1999年的人均月收入为1 155元。
   (2) $y_c=7.58+0.067x$
   (3) 当 $x=1\,155$(元)时,$y=84.64$(亿元)

6. (1) $r=0.98$
   (2) 当 $x=380$(元)时,$y=234.70$(元)
   (3) 说明家庭月收入每增加 1 元,每月的食品支出平均增加 0.43 元。
   (4) 总变差$=9\,360$
       回归变差$=9\,001$
       剩余变差$=359$
       $S_y=6.70$(元)

7. (1) $r=0.96$
       $S_y=8.40$(万元)

(2) 当 $x=110$(万元)时，$y_c=133.27$(万元)

(3) 固定资产每增加 1 万元，工业总产值平均增加 0.88 万元。

8. (1) $r=0.92$

(2) 当某辆汽车已使用 5 年时，估计年修理费用为 53.08 百元。

(3) $S_y=7.47$(百元)

第九章 时间数列

1. $\bar{a}=1\,260$(人)

2.

月　　份	1	2	3	4	5	6
总产值(万元)	40	42	44	48.4	49.5	48
平均每个工人产值(元)	4 000	4 200	4 400	4 400	4 500	6 000
每月工人数(人)	(100)	(100)	(100)	(110)	(110)	(80)

第一季度月平均劳动生产率＝0.42(万元)

第二季度月平均劳动生产率＝0.49(万元)

上半年平均月劳动生产率＝0.45(万元)

3.

时　　间	1月	2月	3月
实际产值(万元)	260	302.4	360
计划完成程度(%)	104	112	120
计划产值(万元)	250	270	300

第一季度平均计划完成程度(%)＝112%

4. $\bar{x}=6.23\%$

5.

年　份	产　量	环比发展速度(%)	定基发展速度(%)
1996	(18.9)	—	100
1997	(9.3)	102	(102)
1998	(18.3)	95	(97)
1999	(22.7)	(124)	(120)
2000	25	110	(132)
2001	30	(120)	(159)
2002	37	(123)	(196)